KB216758

일터에서
만난 하나님

일터에서 만난 하나님

저자 원용일

초판 1쇄 발행 2023. 6. 22.

발행처 도서출판 브니엘
발행인 권혁선

책임편집 김지연
책임교정 조은경

등록번호 서울 제2006-50호
등록일자 2006. 9. 11.

서울특별시 송파구 백제고분로28길 25 B101호 (05590)
마케팅부 02)421-3436
편집부 02)421-3487
팩시밀리 02)421-3438

ISBN 979-11-93092-03-3 03230

독자의견 02)421-3487
이메일 editorkhs@empal.com

북카페 주소 cafe.naver.com/penielpub.cafe
인스타그램 @peniel_books

도서출판 브니엘은 독자들의 원고를 설레는 마음으로 기다리고 있습니다.
위의 이메일로 간단한 기획 내용 및 원고, 연락처 등을 보내주십시오.

도서출판 브니엘은 갓구운 빵처럼 항상 신선한 책만을 고집합니다.

직 장 인 을 · 위 한 · 에 세 이 · 묵 상

일터에서
만난 하나님

원용일 | 직장사역연구소 소장

거룩하신 삼위일체 하나님,
태초에 함께 천지를 창조하며 일하신
성부 성자 성령 하나님께 영광을 올려드립니다.
"빛이 있으라" 명령하시며 천지를 창조하신 성부 하나님,
만물의 창조 때 말씀으로 함께하신 성자 하나님,
수면에 운행하며 세상을 품으신 성령 하나님을 찬송합니다.

하나님의 형상으로, 가장 귀하게 창조하신 남자와 여자에게
생육하고 번성하여 땅에 충만하라, 땅을 정복하라,
세상의 모든 생물을 다스리라 명령하셨습니다.
오늘도 제가 일터에서 하는 일이
하나님의 창조를 닮아 행하는 귀한 일임을 기억하게 하소서.

「직장인 축복 기도문」(브니엘 펴냄)의 80여 편 기도문 중 첫 번째 기도, "일을 창조하신 성부 하나님을 찬송합니다"를 이렇게 시작했다.

어떤 종교에서도 일하는 신을 찾아보기 힘들지만 성경을 시작하는 첫 문장에서부터 하나님은 일하셨다고 선언한다. 로버트 뱅크스가 그의 책 「God the Worker」에서 하나님을 토기장이, 의류업자, 정원사, 농부, 목자, 작곡가, 건축가 등의 직업 이미지로 설명하는 것처럼 하나님은 직업인의 모습으로 하나님의 속성을 알려주셨다.

하나님은 일하는 사람들과 함께하셨다. "네가 무슨 일을 하든지 하나님이 너와 함께 계시도다!" 이방 왕이 아브라함을 보고 감탄했다. 일하는 요셉과 함께하시는 하나님을 그의 직장상사는 자기 눈으로 확인했다. 창세기를 통해 일하시는 하나님과 일하는 사람들을 볼 수 있다. 아브라함과 이삭과 야곱, 요셉은 일터에서 하나님을 만났다. 오늘 우리도 우리의 일터에서 하나님을 만날 수 있다.

2020년 7월에 시작한 유튜브 채널 〈일터소명〉에서 2021년 새해를 맞으며 매일 업로드하는 말씀 묵상을 시작했다. 그 첫 번째 묵상이 바로 창세기였다. 80편의 영상으로 그해 1월 1일에서 3월 21일까지 창세기로 묵상한 내용을 정리하여 이 책에 담았다. 2021년 그해 7월에 낸 「일터에서 만난 예수님」에 이어 하나님과 함께 일하는 크리스천 직업인들에게 묵상 길잡이가 될 수 있기를 기대한다.

글쓴이 원용일

Part 2.
멋지게 일하는 크리스천

Part 3.
크리스천답게 결국 성공하라

Part 4.
직업인의 책임을 다하라

Part 6.
하나님이 인도하시리라

태초에 하나님이 천지를 창조하시니라.
땅이 혼돈하고 공허하며 흑암이 깊음 위에 있고
하나님의 영은 수면 위에 운행하시니라. 창 1:1-2

PART · 1

일하시는
하나님
일하는
사람들

>>> 창세기 1:1,26-28,31

01 하나님과 함께 일하는 인생

탐험가이자 선교사로 아프리카 선교에 크게 이바지한 데이비드 리빙스턴이 세상을 떠나기 1년여 전에 한 기도를 남겼다. "나의 아버지시여, 나를 도우셔서 아버지의 영광 가운데 제가 할 일을 마칠 수 있게 인도해주소서." 사명을 다하기 위해 치열한 삶을 살았던 리빙스턴에게 있어서 인생은 '일하는 날'이었다. 혼자 일하지 않고 하나님과 함께 일하는 인생의 목적을 이루기 위해 리빙스턴은 평생 노력했다. 리빙스턴의 헌신적 생애를 생각하며 우리도 스스로 질문할 수 있어야 한다. '나의 인생 목적은 무엇인가? 어떻게 하나님과 함께 일할 것인가?'

성경의 시작 부분에서 창세기는 하나님과 함께 일하는 우리 그리스도인의 존재 근거를 알려준다. "태초에 하나님이 천지를 창조하시니라. …하나님이 이르시되 우리의 형상을 따라 우리의 모양대로 우리가 사람을 만들고 그들로 바다의 물고기와 하늘의 새와 가축과 온 땅과 땅에 기는 모든 것을 다스리게 하자 하시고 하나님이 자기 형상 곧 하나님의 형상대로 사람을 창조하시되 남자와 여자를 창조하시고 하나님이 그들에게 복을 주시며 하나님이 그들에게 이르시되 생육하고 번성하여 땅에 충만하라, 땅을 정복하라, 바다의 물고기와 하늘의 새와 땅에 움직이는 모든 생물을 다스리라 하시니라. …하나님이 지으신 그 모든 것을 보시니 보시기에 심히 좋았더라. 저녁이 되고 아침이 되니 이는 여섯째 날이니라"(창 1:1,26-28,31).

세상의 창조주 하나님

사람들이 보통 기독교의 경전이라고 말하는 성경은 다른 종교들의 경전과는 특이한 점이 있다. 하나님에 대해 어떤 자세한 설명도 하지 않고 곧바로 하나님이 이 온 우주를 창조하셨다고 선언하며 시작한다. 이것이 존재의 근원 되시는 하나님의 특성을 표현하는 가장 성경적인 방법이다. 어떤 종교의 경전에서 이런 위대한 신을 볼 수 있는가? 이 장대한 선언을 되뇌어 본다. "태초에 하나님이 천지를 창조하시니라."

하나님과 함께 일하라.

하나님이 세상만물을 만드시면서 하나님의 형상을 따라 인간을 창조하셨다. 하나님은 인생의 목적과 사명이 무엇인가 분명히 알려주셨는데 그것은 한마디로 일하는 사명이었다. 인간은 하나님이 주신 복을 받아서 생육하고 번성해서 땅에 충만하고 땅을 정복하며 모든 생물을 다스려야 한다. 우리는 세상을 창조한 하나님이 주신 사명으로 세상을 통치하는 대리인이다. 우주의 왕이신 하나님이 주신 사명을 다하며 세상을 다스리는 작은 왕이다. 우리는 일을 통해 하나님의 창조명령을 실천하여 하나님 나라를 실현하는 대사이기도 하다.

사람! 특별한 창조

이렇게도 중요한 일을 해야 하는 인간의 창조는 다른 피조물의 창조와 비교할 때도 특별할 수밖에 없다. 인간의 창조가 있었던 창조의 여섯 번째 날은 그래서 특별한 의미가 있었다. 창조를 기록한 창세기 1장의 히브리어 성경을 보면 '날'을 표시하는 '욤'이라는 단어가 첫째 날부터 다섯째 날까지 사용되고 있다. 그런데 인간이 창조된 여섯 번째 날에는 정관사를 붙여서 '날'을 표현한다('하 욤'). 인간의 창조는 이렇게 중요한 의미가 있다. 하나님을 대신해 세상을 다스릴 책임이 인간에게 있다는 점을 성경은 이런 방식으로 강조한다. 이렇게 우리는 오늘도 하나님과 함께 일한다.

세상을 창조하신 하나님은 세상을 다스릴 책임을 사람에게 맡기셨다. 고군분투하며 외롭게 혼자서 일하는 것 같지만 하나님이 우리와 함께 일하신다. 이 사실을 기억하면서 바로 나에게 맡겨주신 사명을 다하기 위해 노력해야 한다. 일하는 여건이 어렵더라도 인생의 목적과 사명에 집중하고 자주 되새기며 세상에서 하나님 나라를 실현할 수 있어야 하겠다.

 "세상을 창조하시고 운행하시는 하나님, 하나님과 함께 일할 수 있어 감사합니다. 스스로 무엇을 할 수 있다고 자만하지 않겠습니다. 힘든 여건이지만 일의 사명을 잘 파악하여 하나님과 함께 일할 수 있도록 인도해주소서."

>>> 창세기 1:1-2

02 일하시는 하나님

과학자 모리슨이 지금도 일하시는 하나님에 대해 몇 가지 예를 들어 입증했다. 크기도 제대로 알 수 없는 거대한 우주의 존재가 하나님의 일하심을 입증하지만 우리가 사는 지구만 보아도 하나님은 여전히 일하신다. 지구는 시속 1,600km의 속도로 자전하고 있다. 만약 자전 속도가 줄면 낮과 밤이 길어진다. 시간이 길어지는 것만이 문제가 아니라 낮에는 더워 식물이 마르고 밤에는 추워 식물이 얼어 버린다. 또한 지구의 지축은 23.5도쯤 기울어져 있는데 만약 지구의 기울기가 1도씩만 낮거나 높다고 하면 어떤 일이 벌어질까? 지구 전체가 빙산으로 변할 것이다. 만약 현재 32만km인 달과 지구 간의 거리가 점점 가까워지면 바다에서 거대한 해일이 일어나 대륙들이 물에 잠길 것이다. 몇 가지 증거만으로도 세상을 창조하신 하나님에 대해 우리가 분명히 알 수 있다. 하나님은 지금도 일하신다.

하나님의 일하심에 관해 창세기는 이렇게 시작한다. "태초에 하나님이 천지를 창조하시니라. 땅이 혼돈하고 공허하며 흑암이 깊음 위에 있고 하나님의 영은 수면 위에 운행하시니라"(창 1:1-2).

최초의 일꾼 하나님

창세기는 시작의 책이다. 인간, 안식, 가정, 타락, 민족, 국가 등여러 가지 시작을 묘사한다. 특히 창세기에서는 일이 시작된다. 그런데 일을 시작했다는 의미의 첫 '일꾼'은 아담과 하와가 아니다. 바로하나님이 일하시는 분(God the Worker)이라고 알려준다. 하나님은온 우주의 설계자이자 건축가이시다. 하나님이 일하신다는 이 중요한 사실은 오늘 우리가 일해야 하는 근거를 제공해주기에 충분하다.하나님의 형상으로 사람을 창조하신 하나님이 일하셨으니 피조물인우리도 당연히 일해야 한다.

일하시는 삼위일체 하나님

그런데 태초에 있었던 천지창조의 때 성부 하나님만 일하신 것이아니다. 땅이 혼돈의 상태에 있을 때 하나님의 영이 수면 위에 운행하셨다. 성자 하나님도 함께 창조하셨다. 사도 요한이 알려준다. "태초에 말씀이 계시니라. 이 말씀이 하나님과 함께 계셨으니 이 말씀은곧 하나님이시니라. 그가 태초에 하나님과 함께 계셨고 만물이 그로말미암아 지은 바 되었으니 지은 것이 하나도 그가 없이는 된 것이없느니라"(요 1:1-3). 예수님 자신이 입증하기도 하셨다. "내 아버지께서 이제까지 일하시니 나도 일한다"(요 5:17). 안식일에 베데스다연못에서 38년 된 병자를 고쳐주신 일로 유대교인들이 항의할 때 예수님이 하신 말씀이다. 하나님은 6일간 세상을 창조하신 후에 7일에는 안식하셨고 그 안식이 지금까지 계속되고 있다. 안식의 기간에도창조하신 세계의 보존과 유지라는 일을 하고 계신다는 뜻이다.

하나님이 하신 일, 좋았더라!

삼위일체 하나님이 함께하신 창조는 어떤 성과를 내었는가? 천지를 창조하신 그 모든 일은 하나님이 보시기에 좋은 일이었다고 반복하여 기록한다(4,10,12,18,21,25절). 그런데 특히 여섯째 날의 창조는 하나님이 보시기에 심히 좋은 일이었다고 강조한다(31절). 창조의 6일은 하나님이 사람을 창조하신 날이다. 삼위 하나님이 하신 창조의 좋은 결과처럼 우리가 오늘 하는 일도 좋은 평가를 받고 세상을 유익하게 해야 한다.

세 분 하나님이 함께 일하신 모습을 본받아 우리도 '함께' 일하기를 배울 수 있어야 한다. 하나님과 함께 일하고 또한 동료들에게 함께 일해서 좋았다는 평가를 받기 위해 노력해야 하겠다. 함께하는 일이 아름답기에 좋은 평가를 받을 수 있다. 일하시는 하나님이 일하는 우리에게 이런 협업을 원하신다.

"일하는 본을 친히 보여주신 하나님, 하나님이 처음으로 하신 일, 세상의 창조가 아름다웠습니다. 일하시는 하나님께 배워 저의 일을 잘할 수 있기를 원합니다. 일하신 하나님처럼 일하는 방법을 고민하며 주님께 하듯 일하게 도와주소서."

03

안식 : 완성, 중단, 축복

사도 요한과 한 장로의 이야기가 교회에 전해 내려온다. 사냥하러 갔다 오던 한 장로가 에베소교회의 감독 요한이 비둘기와 함께 시간을 보내고 있는 모습을 보았다. 장로는 교회의 감독인 요한이 비둘기와 놀면 시간을 낭비하는 것이 아니냐고 핀잔했다. 그러자 요한은 장로가 들고 있는 활을 가리키며 활줄이 늘어져 있다고 말했다. 장로는 평소에는 활줄을 느슨하게 해놓아야 사냥할 때 팽팽하게 당겨 화살을 잘 날릴 수 있다고 말했다. 그러자 요한이 말했다. "나도 지금 마음의 줄을 느슨하게 하고 있습니다. 그래야 하나님의 진리의 화살을 더 잘 쏠 수 있기 때문이지요."

창세기 2장은 이렇게 시작한다. "천지와 만물이 다 이루어지니라. 하나님이 그가 하시던 일을 일곱째 날에 마치시니 그가 하시던 모든 일을 그치고 일곱째 날에 안식하시니라. 하나님이 그 일곱째 날을 복되게 하사 거룩하게 하셨으니 이는 하나님이 그 창조하시며 만드시던 모든 일을 마치고 그날에 안식하셨음이니라"(창 2:1-3).

완성

하나님의 창조는 안식을 통해 완성되었다. 쉴 필요가 없는 하나님이 안식하심으로 창조의 완성을 보여주셨다. 그런데 하나님의 안식에는 전제가 있었다. 안식부터 하신 것이 아니라 창조하는 일, 즉 천지 만물을 조성하는 일을 다 마치신 후에 하나님이 안식하셨다. 이교의 신화 속에 등장하는 신들처럼 일을 싫어하여 인간에게 맡긴 것이 아니라 하나님은 일하시는 분이고 천지의 창조를 마친 후에 안식하셨다. 이 패턴은 십계명의 4계명에서도 그대로 드러나고 있다. 안식할 수 있는 전제가 분명하다. "엿새 동안은 힘써 네 모든 일을 행할 것"(출 20:9). 따라서 우리가 주중에 출근해서 하는 모든 일은 안식을 제대로 하기 위한 준비이다. 일하고 안식해야 우리도 하나님이 맡겨주신 창조의 사명을 완성할 수 있다.

중단

'안식'에 해당하는 히브리어 '샤바트'의 기본적인 뜻은 '일의 중단'이다. 하나님은 창조를 마쳤기에 중단하셨다. 물론 하나님은 창조를 유지하고 보존하시는 일은 계속하신다. 우리도 주일에는 일을 중단하지만 하나님의 대리인으로서 세상을 정복하고 다스리는 창조명령은 계속 수행한다. 따라서 예수님이 안식일에 오래 앓던 사람을 고쳐주신 일은 하나님의 창조세계를 유지하는 필수적인 일이기에 일을 금지하는 안식일법에 저촉되지 않는다는 말씀이었다.

복되게 하사 거룩하게 하심

특히 하나님의 안식을 묘사하면서 일곱째 날, 안식일을 하나님이 복되게 하사 거룩하게 하셨다고 말한다. 하나님의 복은 하나님의 창조명령을 연상시킨다. 하나님은 자신의 형상대로 창조하신 남자와 여자에게 복을 주셨다(창 1:27-28). 생육하고 번성하며 땅에 충만해서 하나님이 창조하신 피조물을 다스리라고 사명을 주셨다. 하나님이 창조하신 피조물에 대해 리더십을 행사하여 관리하고 복된 상태를 유지하는 창조의 대리인으로 삼으셨다. 따라서 하나님이 일곱째 날을 복되고 거룩하게 하신 것은 하나님의 창조명령을 실천하기 위해 주신 복의 연장선에 있다. 이렇게 안식은 창조의 절정이고 완성이다. 우리는 일과 안식을 통해 세상을 복되게 하는 우리의 소명을 다할 수 있다.

랍비 웨인 도식은 '작은 안식'을 통해 추구할 삶의 원칙과 우선순위를 말한다. 출근을 조금 일찍 하여 일과시간 전 30분, 혹은 점심시간 30분 등 작은 안식의 시간을 확보해본다면 효과적으로 안식을 실행할 수 있다(「비즈니스 바이블」, 한세 펴냄, 166-168쪽). 일과 삶을 돌아보며 일을 잘 감당한 사람이 누리는 안식에 담긴 '완성, 중단, 축복'의 의미를 잘 새겨보자.

"창조사역을 마치고 일곱째 날 안식하신 하나님, 쉼이 필요하지도 않으신 하나님이 친히 안식하신 모범을 따라 제가 안식의 의미를 잘 깨달을 수 있게 도와주소서. 밀접하게 연관된 일과 안식을 일하는 저의 삶 속에서 지혜롭게 조화시키기를 원합니다. 일하며 안식하는 삶의 패턴을 아름답고 유용하게 활용할 수 있게 인도해주소서."

04

>>> 창세기 2:19-23

지혜로워도 함께 일하라

안양에서 초등학교에 다니던 4, 5학년 때로 기억한다. 친구와 함께 하교하면서 아버지의 직업에 관해 이야기했다. 나는 아버지가 군인이고 계급은 상사라고, 4, 5년 후에는 제대하신다고 말해주었다. 그런데 친구는 아버지에 대해 말하면서 돈은 벌어 오시는데 매일 출근하시지는 않는다고 했다. "와, 아빠가 놀아주시면 좋겠다!" 그런데 집에 계신 날이 많은데 종종 일주일, 열흘씩 집에 안 들어오시기도 한다고 했다. 그런데 아버지 직장이 어디이고 어떤 일을 하시는지도 모른다고 했다. 도대체 친구의 아버지가 어떤 일을 하시는지 답답해서 내가 물었다. "그래서 니네 아빠 어떤 일 하시는데? 혹시 007이니? 그래서 말 못 해?"

아담과 하와의 직업을 추측해볼 만한 말씀이 창세기 2장에 나온다. "여호와 하나님이 흙으로 각종 들짐승과 공중의 각종 새를 지으시고 아담이 무엇이라고 부르나 보시려고 그것들을 그에게로 이끌어 가시니 아담이 각 생물을 부르는 것이 곧 그 이름이 되었더라. 아담이 모든 가축과 공중의 새와 들의 모든 짐승에게 이름을 주니라. 아담이 돕는 배필이 없으므로 여호와 하나님이 아담을 깊이 잠들게 하시니 잠들매 그가 그 갈빗대 하나를 취하고 살로 대신 채우시고 여호와 하나님이 아담에게서 취하신 그 갈빗대로 여자를 만드시고 그를 아담에게로 이끌어 오시니 아담이 이르되 이는 내 뼈 중의 뼈요 살 중의 살이라. 이것을 남자에게서 취하였은즉 여자라 부르리라 하니라"(창 2:19-23).

아담의 직업은?

아담의 직업은 무엇이었을까? '목자' 아벨, '농부' 가인처럼 아담의 구체적인 직업을 성경이 기록해주지 않기에 추측해볼 수 있다. 하나님이 각종 들짐승과 새를 지으시고 아담에게로 이끌어가셨다. 아담이 그것을 무엇이라고 부르는지 하나님도 궁금하셨던 것 같다. 하나님이 아담에게 주신 창조명령이 모든 생물을 다스리는 것이었던 만큼 아담이 이름을 지으며 동물을 주관했다. 아담이 에덴동산에서 사명감을 가지고 동물들의 이름을 짓는 일하는 모습을 상상해볼 수 있다. 아담의 직업에 대한 단서가 여기에 있다. 조련사! 생물학자! 작명가는 어떤가? 에덴동산을 관리하는 정원사였을까?

아무리 지혜로워도…

중요한 사실은 하나님이 창조하고 이끌어오신 모든 동물의 이름을 아담이 지어주었다는 점이다. 이름을 지으려면 그 동물의 속성을 잘 파악하고 있어야 가능하다. 그만큼 아담의 지혜가 대단했다. 뒷날 솔로몬 왕은 삼천 개의 잠언과 일천여 노래를 짓고 각종 식물과 동물, 곤충에 대해 말했다(왕상 4:29-34). 그 해박함에 대해 세상이 놀랄 만한 지혜였다. 하지만 아담은 솔로몬보다 더욱 놀라운 지혜를 가지고 있었다. 타락 이후에 지적능력에 손상이 있었지만 하나님이 창조하신 인간의 지혜가 본래는 이렇게 대단했다.

함께할 사람이 필요하다.

하지만 동물들의 속성을 파악해 이름을 지어주는 일을 하면 할수록 아담은 점점 더 외로움을 느꼈다. 모든 동물은 짝과 함께 있었는데 자신에게는 함께할 짝이 없었기 때문이다. 하나님이 말씀하신다. "사람이 혼자 사는 것이 좋지 아니하니 내가 그를 위하여 돕는 배필을 지으리라"(창 2:18). 인류의 결혼에 관해 하나님이 명확하게 말씀해주신 중요한 교훈이지만 일과 관련해서도 한 가지 교훈을 얻을 수 있다. "하나님의 창조명령은 혼자서 할 수 있는 것이 아니라 이렇게 함께 수행해야 한다."

첫 사람 아담은 대단한 능력과 지혜를 가지고 하나님이 맡기신 일의 사명을 다했다. 그 과정에서 아담은 혼자 지내는 외로움을 느끼고 하나님은 아담으로부터 또 한 사람을 만드셨다. 두 사람은 일도 함께하며 하나님 나라를 실현해 나갔다. 아담의 일이 곧 하와의 일이었다.

 "사람을 사랑하신 하나님, 하나님이 주신 지혜로 창조명령을 수행하며 대단한 일을 한 아담이지만 그에게도 함께하는 사람이 필요했습니다. 저도 일터에서 동료들과 함께 일하며 일의 기쁨과 열매를 나눌 수 있게 도와주소서."

05

>>> 창세기 3:17-21

일의 고통, 그리고 은혜!

대부도의 야트막한 언덕길을 가로지르는 도로 정상 부근에서 꿩 가족을 만났다. 어미 꿩과 두어 마리 새끼 꿩은 이미 길을 건넜고 두 마리 새끼 꿩이 뒤처져 건너고 있을 때 내 차가 다가갔다. 속도를 늦추어 멈추자 어미 꿩은 뒤를 돌아보며 새끼들을 기다리고 있다가 함께 숲으로 사라졌다. 아스팔트 위에서 만난 꿩 가족이어서 운치가 덜했는데, 원래 새끼 꿩들은 매우 귀엽다고 한다. 따뜻한 봄날 새끼 꿩들이 어미 꿩과 숲속을 거닐다가 인기척에 놀라면 혼비백산 달아나 숨는다. 꽁무니는 하늘로 향한 채 머리를 낙엽 사이로 처박는다고 하니 죄를 지은 아담과 하와가 바로 이런 새끼 꿩의 모습이었다.

창세기 3장에서 죄를 범한 아담과 하와에게 하나님이 하신 말씀을 볼 수 있다. "아담에게 이르시되 네가 네 아내의 말을 듣고 내가 네게 먹지 말라 한 나무의 열매를 먹었은즉 땅은 너로 말미암아 저주를 받고 너는 네 평생에 수고하여야 그 소산을 먹으리라. 땅이 네게 가시덤불과 엉겅퀴를 낼 것이라. 네가 먹을 것은 밭의 채소인즉 네가 흙으로 돌아갈 때까지 얼굴에 땀을 흘려야 먹을 것을 먹으리니 네가 그것에서 취함을 입었음이라. 너는 흙이니 흙으로 돌아갈 것이니라 하시니라. 아담이 그의 아내의 이름을 하와라 불렀으니 그는 모든 산자의 어머니가 됨이더라. 여호와 하나님이 아담과 그의 아내를 위하여 가죽옷을 지어 입히시니라"(창 3:17-21).

하나님을 대적하는 범죄

아담과 하와가 에덴동산에서 선악과를 따먹은 일은 어린 시절의 추억으로 기억하는 낭만적 '과일 서리' 사건이 아니었다. 피조물인 인간으로서 창조주이신 하나님을 넘본 반역사건이었다. 인류 역사상 가장 위험한 쿠데타였다. 이 일로 인해 하나님이 사람에게 주신 창조명령을 제대로 수행할 수 없게 되었다. 하나님이 말씀하신 대로 인간에게는 죽음이 임했고 타락의 영향력은 인간 자신만이 아니라 더욱 확대되었다.

온 우주에 임한 저주

인간의 범죄로 인한 저주는 인간뿐만 아니라 그들의 삶의 터전인 땅에까지 광범위하게 영향을 미쳤다. 아담은 얼굴에 땀을 흘리며 평생 수고해야 먹을 것을 얻고 '가시덤불과 엉겅퀴'는 인간의 노동을 지속해서 방해했다. 오늘날 우리가 일할 때도 일터현장에 구조적 모순과 죄악 된 고질병이 참 많다. 아담의 타락이 오늘 우리 일터현장에도 영향을 미친다. 인간의 죄로 인한 저주와 오염의 결과로 우리가 일터현장에서 어려움을 겪는다는 점을 수긍해야 한다.

고통스러운 일, 그중의 은혜

타락한 인간에게는 땅을 경작해야 하는 고통스러운 일이 주어졌다. 경작 그 자체가 고통은 아니었다. 하나님이 본래 아담에게 에덴동산에서 경작하며 지키게 하셨다(창 2:15). 그런데 이제 에덴동산에서 추방된 아담과 하와는 죄의 영향 아래 있는 일터에서 경작해야 하는 일이 고통이었다. 하지만 하나님은 아침저녁으로 무화과 나뭇잎 패션쇼를 하던 아담과 하와에게 '가죽옷'을 입혀주셨다. 어떤 동물인지, 아담과 하와를 위해 죽임당했고 가죽을 남겨 사람들의 수치를 가렸다. 아담과 하와에게는 고통 가운데 주어진 크나큰 은혜의 상징이었다. 오늘 우리도 죄악 세상이지만 하나님의 은혜로 하루하루의 삶을 살아간다. 고통은 여전하지만 우리의 일에 하나님의 은혜가 임한다.

"네가 어디 있느냐?" 하나님의 질문에 아담처럼 아내 때문이라고 변명해서는 안 된다. "제가 잘못했습니다. 모든 책임은 제게 있습니다. 용서하시고 은혜를 주소서"라고 하나님께 간절히 회개할 수 없었던가? 은혜로 구원받은 우리도 일터의 고통과 죄악의 요소를 찾아 책임을 통감하며 극복하기 위해 노력해야 한다.

 "사랑하시는 하나님, 우리가 하는 일이 본래 고통스러운 근본 원인을 잘 깨닫게 하여주소서. 예수님의 구원의 은혜로 얻은 일의 축복을 누리게 하여주소서. 무슨 일을 하든지 주님께 하듯이 일하게 오늘도 주님이 함께하여주소서."

>>> 창세기 4:1-6

네 아우 아벨이 어디 있느냐?

영화 〈천지창조〉(The Bible : In the Beginning, 1966)에서 존 휴스턴 감독은 거장이라고 불릴 만한 멋진 연출을 가인과 아벨의 제사장면에서 보여준다. 가인은 곡식이 담긴 소쿠리에서 제단에 올릴 그릇에 곡식을 퍼 담다가 하늘을 힐끗 쳐다보고는 아깝다는 듯이 곡식 일부를 자기 소쿠리로 옮긴다. 그러자 제물에 불이 잘 붙지 않고 연기가 가인을 졸졸 따라다니며 괴롭히자 가인이 화를 낸다. 그러나 아벨이 양의 첫 새끼와 그 기름으로 드린 제사는 연기가 곧게 하늘로 올라간다. 휴스턴 감독은 히브리서에서 아벨과 달리 가인은 믿음으로 제사하지 못한(히 11:4) 원인이 '욕심'이라고 해석했다.

아담과 하와와 두 아들의 이야기가 창세기 4장에 기록되어 있다. "아담이 그의 아내 하와와 동침하매 하와가 임신하여 가인을 낳고 이르되 내가 여호와로 말미암아 득남하였다 하니라. 그가 또 가인의 아우 아벨을 낳았는데 아벨은 양 치는 자였고 가인은 농사하는 자였더라. 세월이 지난 후에 가인은 땅의 소산으로 제물을 삼아 여호와께 드렸고 아벨은 자기도 양의 첫 새끼와 그 기름으로 드렸더니 여호와께서 아벨과 그의 제물은 받으셨으나 가인과 그의 제물은 받지 아니하신지라. 가인이 몹시 분하여 안색이 변하니 여호와께서 가인에게 이르시되 네가 분하여 함은 어찌 됨이며 안색이 변함은 어찌 됨이냐"(창 4:1-6).

직업의 차이

아담과 하와가 에덴동산에서 쫓겨났고 아들을 둘 낳았는데 직업이 달랐다. 성경은 이 직업의 차이를 그저 단순하게 기록하고 있다. 가인은 농사짓는 농부였고 아벨은 양 치는 목자였다. 그들의 직업이 다른 것은 문제가 없었다. 당시에 꼭 필요한 두 가지 업종에서 각각 그들은 일했다. 그들은 한 해의 일을 마치고 하나님께 감사의 제사를 드렸다.

일의 성과물로 드리는 감사의 제물

가인과 아벨은 곡식과 어린 양을 제물로 삼아 제사를 지냈다. 자신이 하던 일의 성과로 제물을 드린 것이고 이 제물의 차이는 문제가 없어 보인다. 그런데 태도에는 차이가 있었다. 가인은 그저 '땅의 소산'으로 하나님께 제사를 드렸다. 그런데 아벨은 '양의 첫 새끼와 그 기름'으로 드렸다. 가장 좋은 제물을 준비해 드렸다는 뜻이다. 이 차이를 가리켜 히브리서에서는 믿음으로 아벨은 가인보다 더 나은 제사를 하나님께 드렸다고 평가한다(히 11:4).

가인의 살인에 대한 직업적 해석

그런데 아무리 동생이 미워도, 하나님이 자기의 제사는 받지 않으시고 동생의 제사는 받으셨다는 이유로 그 동생을 죽이기까지 했을까? 이 범죄에 대한 직업적 측면의 해석도 가능하다. 당시 인간의 범죄로 척박해진 땅에서 농사를 짓는 일은 쉽지 않았다. 땅을 개간해 농사일하기는 무척 힘들었지만 수확량은 많았다. 한편 유목은 목초지를 찾아야 하는 수고는 했지만 농사보다는 덜 힘들었고 수확도 적었다. 그렇다면 가인은, 자신은 힘들게 일해서 수확을 많이 얻지만 유목하며 놀면서 여유 있게 일하는 아벨의 직업 자체가 마음에 들지 않았을 수도 있다. 아벨을 향한 가인의 미움은 이렇게 직업에 대한 갈등도 작용했으리라 짐작해본다.

4차산업혁명, 인공지능의 시대에도 일터에서 "네 아우 아벨이 어디 있느냐?"(창 4:9)라고 하나님이 질문하신다. "제가 왜 이 까다로운 리더를 따라야 하고, 무능한 팔로워를 책임져야 합니까? 무례한 막무가내 진상 고객을 왜 왕처럼 모셔야 합니까?" 하나님의 질문에 가인처럼 발뺌하지 않고 우리가 대답해야 한다.

 "'네 아우의 핏소리가 땅에서부터 호소한다' 라며 마음 아프셨던 하나님, 일터에서 당연히 돌보고 사랑해야 할 '아벨'을 미워한 죄를 용서해주소서. '네 아우 아벨이 어디 있느냐?' 라며 하나님께 추궁당하지 않도록 형제를 사랑하며 일하게 도와주소서."

>>> 창세기 4:16-17,23-26

일터에서 하나님의 이름을 부르라

나는 1990년에 한 회사의 신우회를 섬기며 일터사역을 시작했다. 15년쯤 지나 그 회사에 새로 경영자가 부임하여 신우회가 주관하는 회사를 위한 기도회의 설교를 부탁받아 갔을 때 재미있는 이야기를 들었다. 예전부터 있던 회사의 동호회 중에 두 곳만 여전히 활동하고 있는데 이름도 비슷하다고 했다. '산우회'와 '신우회'였다. 산을 좋아하는 사람들의 동호회가 오래 지속된 것은 이해되었다. 그런데 신우회는 일터에서도 예배드리며 회사를 위해 기도하고 복음 전하며 사람을 섬기기 위해 애쓰는 사람들의 모임이다. 그 신우회가 오래도록 활동하니 참 귀하다고 생각했다.

여호와의 이름을 처음으로 불렀던 기록을 창세기 4장에서 볼 수 있다. "가인이 여호와 앞을 떠나서 에덴 동쪽 놋 땅에 거주하더니 아내와 동침하매 그가 임신하여 에녹을 낳은지라. 가인이 성을 쌓고 그의 아들의 이름으로 성을 이름하여 에녹이라 하니라. …라멕이 아내들에게 이르되 아다와 씰라여 내 목소리를 들으라. 라멕의 아내들이여 내 말을 들으라. 나의 상처로 말미암아 내가 사람을 죽였고 나의 상함으로 말미암아 소년을 죽였도다. 가인을 위하여는 벌이 칠 배일진대 라멕을 위하여는 벌이 칠십칠 배이리로다 하였더라. 아담이 다시 자기 아내와 동침하매 그가 아들을 낳아 그의 이름을 셋이라 하였으니 이는 하나님이 내게 가인이 죽인 아벨 대신에 다른 씨를 주셨다 함이며 셋도 아들을 낳고 그의 이름을 에노스라 하였으며 그때에 사람들이 비로소 여호와의 이름을 불렀더라"(창 4:16-17,23-26).

가인, 아들의 이름으로 도시를 건설하다.
동생을 죽이고 난 가인은 그 땅에서 저주를 받고(11-12절) 하나님과 점점 더 멀어져 갔다(16절). 방황한다는 뜻을 가진 놋 땅에서 가정을 이룬 가인은 유랑생활을 면하기 위해서 성을 쌓았다. 그리고 아들의 이름을 붙여서 '에녹성'이라 했고, 거기서 그들은 문명을 창출했다. 야발은 목축을 시작했고 유발은 수금과 퉁소를 잡는 음악인의 시조가 되었다. 두발가인은 구리와 쇠로 여러 기구를 만드는 일을 시작했다.

세상 문명의 악한 성향
가인의 후손이 이룬 문명은 당시 획기적인 신기술이었다. 하지만 하나님을 떠나 자기들의 이름을 낸 결과물이었다. 가인 문명의 악한 성향은 라멕의 악행을 보면 잘 알 수 있다. 하나님은 일부일처를 명하셨는데(창 2:24) 라멕은 두 아내를 얻었다. 그는 살인을 저지르고 아내들 앞에서 자신의 잔인함을 과시했다.

셋, 여호와의 이름을 부르다.

아벨이 죽은 후 하나님이 아담과 하와의 가정에 아들 '셋'을 주셨다. '선택받은 자'라는 뜻이다. 세상 문명을 이룬 가인의 후손과 달리 셋의 후손은 하나님의 이름을 부르는 자들이 되었다. 셋이 아들 에노스를 낳았고 이때부터 셋의 후손들이 여호와의 이름을 불렀다. 하나님의 이름을 부른다는 것은 제사와 예배의 전통이다. 뒷날 아브라함이 제단을 쌓고 여호와의 이름을 불렀다(창 12:8, 13:4, 21:33). 물론 셋의 후손들도 에녹성 사람들이 이룬 문명의 혜택을 함께 누리며 살았을 것이다. 그러나 악한 영향력을 차단하고 하나님의 이름을 부르는 사람의 정체성을 드러내는 삶을 살았다.

오늘 우리는 세상의 일터에서 일하며 크리스천의 정체성을 어떻게 드러내는가? 일터에서 하나님의 이름을 부르는 크리스천의 정체성을 드러낸다고 하여 종교성을 표출해서는 안 된다. 일하는 사람으로서 성실함과 능력으로 크리스천다움을 드러내야 한다. 함께 일하는 사람들을 섬기며 하나님의 이름을 부르는 사람의 남다름을 보여주어야 한다.

"예배받기를 기뻐하시는 하나님, 오늘 우리도 찬란한 문명을 일반은총의 혜택으로 누리며 살아갑니다. 하지만 세상의 악에 물들지 않게 인도해주소서. 세상과 일터문화에 현혹되어 하나님의 이름을 부르는 일을 게을리하지 않게 도와주소서."

>>> 창세기 5:21-24

08 일터에서 하나님과 동행하라

메리 휄첼의 책 「예수님과 함께하는 프랜의 직장생활」(진흥 펴냄)은 일터에서 하나님과 동행하는 여성 직장인의 삶을 그리고 있다. 남편과 사별한 여인 프랜이 새롭게 직장생활을 시작하며 일터에서 주님과 함께 일한다. 한 오만불손한 동료가 있는데 프랜이 들어간 회의실에 마침 그의 옆자리만 비어 있어 마음이 불편했다. 그때 예수님이 말씀하신다.

"고린도후서의 말씀을 기억해보아라. 바울이 내 제자가 되는 사람들은 향기를 지녔다고 했지? 바로 그리스도의 향기 말이야."

"그래도 싫어요!"

"그런 사람들은 더욱 진리에 목말라하고 더 많은 상처를 가지고 있단다."

창세기 5장에서는 하나님과 동행하던 에녹에 대해 짧은 기록이 남겨져 있다. "에녹은 육십오 세에 므두셀라를 낳았고 므두셀라를 낳은 후 삼백 년을 하나님과 동행하며 자녀들을 낳았으며 그는 삼백 육십오 세를 살았더라. 에녹이 하나님과 동행하더니 하나님이 그를 데려가시므로 세상에 있지 아니하였더라"(창 5:21-24).

하나님과 동행하는 삶이란?

에녹이 하나님과 동행했다고 성경이 기록하는데 하나님과 동행하는 삶은 어떤 모습이었을까? 타락 이후 가인의 후손들은 하나님이 없는 세상 문명을 주도했다. 그렇다고 에녹이 그 문명을 피해 산속에서 홀로 하나님과 교제한 것은 아니다. 물론 에녹은 하나님의 말씀을 듣고 기도했을 것이다. 그런데 성경은 에녹이 육십오 세에 므두셀라를 낳았고 이후에도 자녀를 낳으며 살았다는 사실을 기록한다. 짧은 기록이지만 적어도 에녹은 가정생활에 충실하면서 하나님과 동행했다는 점을 알 수 있다.

일터에서도 하나님과 동행하라.

하나님과 동행하는 삶은 이렇게 일상에서 드러난다. 에녹은 가정뿐만 아니라 자신의 일터에서도 자신의 역할과 책임을 다했을 것이다. 당연히 일하면서도 하나님과 동행했다. 오늘 우리도 일터뿐만 아니라 사회와 국가, 세계시민의 의무, 궁극적으로 하나님 나라의 임재를 위한 책임도 감당하며 하나님과 동행해야 한다. 이렇게 하나님과 동행하는 삶으로 하나님을 기쁘시게 해드릴 수 있다. 그리스어로 번역된 구약성경인 70인역은 '동행'을 '기쁘시게 한 것'으로 번역한다.

당신도 에녹처럼 불려 갈 것이다.

에녹은 가인의 아들이었던 에녹과 동명이인이었다. 가인의 아들 에녹은 그의 이름으로 도시의 이름이 지어질 정도로 유명한 사람이었다. 그러나 에녹은 에녹성의 에녹과는 차원이 다른 영광스러운 경험을 했다. 죽지 않고 하나님이 직접 에녹을 하늘로 데려가셨다. 에녹의 승천은 오늘 우리 성도들에게도 예표가 된다. 만약 우리가 살아 있을 때 예수님의 재림이 있다면 우리도 죽지 않고 구름 속으로 끌어올려져 공중에서 주님을 영접할 것이다(살전 4:16-17). 이렇게 우리도 세상 속에서 하나님과 동행하면서 영원한 본향을 사모하는 믿음을 가져야 한다. 하늘나라 시민권 보유자인 우리는 구원하시는 우리의 주님 예수 그리스도를 기다린다(빌 3:20).

에녹처럼 하나님과 동행하는 삶을 일터에서도 실천해볼 수 있다. 박규숙 시인의 '골방예수' 시처럼 새벽기도를 마치고 예수님을 꽁꽁 묶어두고 혼자 출근하지 않아야 한다. 우리가 하는 일을 간섭하고 귀찮게 하실까봐 주님을 골방에 가두면 안 된다. 예수님과 함께 출근해 예수님이 옆에 계신 듯 대화하며 일하기를 연습해볼 수 있다.

 "에녹과 동행하신 하나님, 저도 하나님과 동행하는 삶을 살아가게 인도해주소서. 하나님과 동행하며 하나님을 기쁘시게 해드리는 삶을 살기 원합니다. '예수님이라면 어떻게 하실까?' 생각하며 일터에서 주님과 동행하게 도와주소서."

>>> 창세기 6:9-14,22

09
일터에서 당신의 일로
전도하라

아시시의 성 프란치스코가 제자들과 함께 전도하러 나갔다. 그런데 길거리와 시장 골목을 제자들과 함께 다니기만 할 뿐 전도하지 않았다. 한 제자가 물었다.

"전도하러 왔으면 무슨 말씀을 하셔야 하지 않습니까?"

그러자 프란치스코가 말했다. "우리 믿는 사람들은 시장을 그저 걸어다니기만 해도 전도가 되어야 한단다."

프란치스코는 일터에서 전도해야 하는 우리에게 중요한 교훈이 되는 이런 말을 했다.

"복음을 전하세요. 언제나! 필요하면 말을 사용하세요."

오랫동안 했던 특별한 일로 전도했던 노아에 관해 창세기 6장이 기록한다. "이것이 노아의 족보니라. 노아는 의인이요 당대에 완전한 자라. 그는 하나님과 동행하였으며 세 아들을 낳았으니 셈과 함과 야벳이라. 그때에 온 땅이 하나님 앞에 부패하여 포악함이 땅에 가득한지라. 하나님이 보신즉 땅이 부패하였으니 이는 땅에서 모든 혈육 있는 자의 행위가 부패함이었더라. 하나님이 노아에게 이르시되 모든 혈육 있는 자의 포악함이 땅에 가득하므로 그 끝날이 내 앞에 이르렀으니 내가 그들을 땅과 함께 멸하리라. 너는 고페르 나무로 너를 위하여 방주를 만들되 그 안에 칸들을 막고 역청을 그 안팎에 칠하라. …노아가 그와 같이 하여 하나님이 자기에게 명하신 대로 다 준행하였더라"(창 6:9-14,22).

하나님과 동행한 노아

에녹의 경우와 같이 노아도 하나님과 동행하면서 자녀를 낳았다는 사실을 창세기 기자는 강조한다. 자녀를 낳는 일을 통해 생육하고 번성하라는 하나님의 창조명령을 수행했다. 또한 세상 속에서 살아가는 사람들의 필수적이고 평균적인 일상을 표현하기도 한다. 그런데 노아는 오백 세가 된 후에 셈과 함과 야벳, 세 아들을 낳았다(창 5:32). 에녹이 육십오 세에 므두셀라를 낳은 것과 비교하면 너무 긴 세월이 지난 후에 아들을 낳았다. 그 긴 시간에도 노아는 하나님과 동행했다. 성경은 노아에 대해서 "의인이요 당대에 완전한 자"였다고 기록한다.

산 위에서 커다란 배를 만들다.

노아는 하나님의 명령대로 방주를 만들고 대홍수에 대비했다. 인간의 죄악을 지적한 하나님이 "그들의 날은 백이십 년"(창 6:3)이 될 것이라고 하신 것을 보면 틀림없이 꽤 오랜 기간 배를 만들었을 듯하다. 노아는 하나님이 명령하신 대로 다 행했다. 그런데 산 위에서 커다란 배를 만드는 일을 할 때 사람들이 어떤 반응을 보였을까? 배의 길이가 140m, 너비 23m, 높이 14m에 3층으로 되어 있고 지붕까지 덮었다. 사람들은 당연히 노아를 비웃고 조롱했다.

일이 세상을 향한 전도이다.

그런데 노아가 만들었던 방주는 타락한 세상 사람들에게 표적이 되었음을 기억해야 한다. 노아와 가족이 한 일은 하나님의 심판을 세상에 경고하는 전도가 되었다. "내가 사람들을 땅과 함께 멸하리라." 또한 노아의 방주 짓는 일은 아버지 라멕이 아들의 이름을 '노아'(안위함)라고 지으면서 말한 이름의 뜻을 제대로 보여주었다. "여호와께서 땅을 저주하시므로 수고롭게 일하는 우리를 이 아들이 안위(安慰)하리라"(창 5:29).

오늘 우리가 하는 일의 과정과 열매 또한 노아가 방주를 지은 것처럼 세상을 향한 전도가 되어야 한다. 요즘 기독교가 제 역할을 다하지 못해 더욱 그렇지만, 일터에서 전도하기도 힘들다. 프란치스코의 가르침대로 말이 아닌 삶으로 전도해야 한다. 주님께 하듯 일하는 모습, 성령의 열매가 나타나는 성품, 우리가 일한 성과를 보고 동료들과 고객들이 감화받도록 일할 수 있다.

"노아의 방주를 통해 세상을 심판하고 구원하신 하나님, 에녹과 노아처럼 부패하고 포악한 시대에 하나님과 동행하는 삶을 살게 하소서. 신앙적 영향력으로 사람들을 감화시킬 수 있게 도와주소서. 예수 믿는 사람의 남다르게 일하는 모습으로 전도하게 인도해주소서."

>>> 창세기 9:18-21,24-25

10 일의 축복을
저주로 바꾸지 말라

    탈무드에 노아와 포도주에 대한 글이 있다. 노아가 포도를 재배할 때 사탄이 와서 포도나무의 용도에 관해 물었다. 노아가 대답했다. "맛 좋은 포도 열매를 먹을 수도 있고 술로 만들어 사람을 기쁘게 할 수도 있습니다." 그러자 사탄은 노아에게 동업을 제의했고 노아가 허락했다. 사탄은 양과 사자와 돼지와 원숭이를 차례로 죽여서 그 피를 포도나무에 거름으로 주었다. 그래서 사람들이 처음엔 양처럼 순했다가 포도주를 조금 마시면 사자처럼 용감해진다. 많이 마시면 돼지처럼 탐욕스러워지고 취하면 원숭이처럼 춤추며 정신 못 차린다.

    홍수 후에 노아의 가정에서 있었던 일을 볼 수 있다. "방주에서 나온 노아의 아들들은 셈과 함과 야벳이며 함은 가나안의 아버지라. 노아의 이 세 아들로부터 사람들이 온 땅에 퍼지니라. 노아가 농사를 시작하여 포도나무를 심었더니 포도주를 마시고 취하여 그 장막 안에서 벌거벗은지라. …노아가 술이 깨어 그의 작은 아들이 자기에게 행한 일을 알고 이에 이르되 가나안은 저주를 받아 그의 형제의 종들의 종이 되기를 원하노라 하고"(창 9:18-21, 24-25).

다시 시작하는 창세기와 일의 열매

노아는 타락한 인류가 멸망 당한 대홍수사건 후에 두 번째 '창세기'를 시작한 사람이었다. 노아의 아들 셈과 함과 야벳, 그리고 자부들이 새로운 인류를 시작한 주역들이었다. 또한 노아는 다시금 농사를 시작하고 수확해 하나님의 복을 경험했다. 홍수로 죽은 사람과 동물의 사체, 그리고 온갖 쓰레기가 땅을 덮고 있었을 텐데 그 속에서도 감사하게 농사의 결실을 얻었다. 노아의 기쁨은 말로 다 할 수 없었다. 하나님의 은혜로 절망을 딛고 다시 일어선 감격을 누렸다.

하나님의 복을 저주의 씨앗으로 삼으니…

그런데 노아는 하나님의 축복을 저주로 바꾸었다. 일단 시작의 책 창세기에 '포도주'의 창시자는 노아라는 기록을 남기기는 했다. 포도주에 취해 정신을 잃은 노아는 장막 안에서 벌거벗고 있었다. 벌거벗음은 성적 방종을 암시하기도 하며 최소한 아들에 대한 저주의 원인을 제공했다. 둘째 아들 함은 아버지의 수치를 가리는 일을 하지 않았다. 셈과 야벳은 조심스럽게 뒷걸음으로 장막에 들어가 아버지의 벗은 몸을 가려드렸다. 술에서 깨어나 자초지종을 확인한 노아가 함의 아들 가나안을 저주했다. 하나님이 주신 아름다운 복이 방종과 무례로 인해 저주가 되고 말았다.

언약의 무지개와 감사의 제사가 무색했다.

이 사건은 인간의 타락만큼이나 안타까운 일이 아닐 수 없다. 방주에서 나왔을 때 하나님이 다시는 물로 심판하지 않겠다고 약속하신 언약의 무지개를 그들이 보았고 감사의 제사를 드린 감격이 무색했다. 이로 인해 이후 노아의 후손들은 증오와 차별, 학대와 폭력, 전쟁의 역사를 겪었다. 의인이자 당대에 완전한 자였고 하나님과 동행했던(창 6:9) 노아가 이렇게도 도덕적으로 실패하고 영적 수치의 나락으로 떨어지다니! 잠언 기자의 적절한 말씀이 노아의 실패를 통해 우리에게도 교훈한다. "교만이 오면 욕도 오거니와"(잠 11:2), "여호와는 교만한 자의 집을 허시며"(잠 15:25).

우리가 하는 일이 우리 자신과 사람들에게 복이 될 수 있도록 노력해야 한다. 노아의 타락도 남용에서 시작되었다. 성공하는 일이 있고 좋은 일이 많아도 교만하지 않도록 노력해야 한다. 잠언 말씀을 명심해야 하겠다. "교만은 패망의 선봉이요 거만한 마음은 넘어짐의 앞잡이니라"(잠 16:18).

"다시 노아의 가족을 통해 사람의 역사를 시작하신 하나님, 하나님이 주신 복에 취해 교만하지 않도록 붙잡아주소서. 일하다가 하는 실수나 잘못으로 피해를 주지 않도록 함께하여주소서. 복 주신 저의 일이 저주가 되지 않도록 주님이 지켜 인도해주소서."

11

바벨탑을 허물고 흩어져
땅에 충만하라

히브리서 기자는 노아의 믿음에 대해 이렇게 정리한다. "믿음으로 노아는 아직 보이지 않는 일에 경고하심을 받아 경외함으로 방주를 준비하여 그 집을 구원하였으니 이로 말미암아 세상을 정죄하고 믿음을 따르는 의의 상속자가 되었느니라"(히 11:7). 그러나 홍수 후에 축복을 저주로 바꾼 노아의 방종과 실수의 원인이 교만이라고 살펴보았다. 교만은 뿌리가 깊어 에덴동산에서 하나님과 같이 되려고 했던 아담과 하와에서 시작한다. 동생 아벨을 죽이고 하나님을 떠난 가인은 성을 짓고 아들의 이름을 붙였다. 그의 후손 라멕은 두 아내를 얻고 살인한 일을 자랑하며 가인을 위한 벌보다 자신을 위한 벌이 열 배 이상일 것이라고 호언했다.

사람들이 하나님을 대적하여 바벨에서 벌인 치명적인 사건을 살펴보자. "온 땅의 언어가 하나요 말이 하나였더라. 이에 그들이 동방으로 옮기다가 시날 평지를 만나 거기 거류하며 서로 말하되 자, 벽돌을 만들어 견고히 굽자 하고 이에 벽돌로 돌을 대신하며 역청으로 진흙을 대신하고 또 말하되 자, 성읍과 탑을 건설하여 그 탑 꼭대기를 하늘에 닿게 하여 우리 이름을 내고 온 지면에 흩어짐을 면하자 하였더니 여호와께서 사람들이 건설하는 그 성읍과 탑을 보려고 내려오셨더라. 여호와께서 이르시되 이 무리가 한 족속이요 언어도 하나이므로 이같이 시작하였으니 이후로는 그 하고자 하는 일을 막을 수 없으리로다. 자, 우리가 내려가서 거기서 그들의 언어를 혼잡하게 하여 그들이 서로 알아듣지 못하게 하자 하시고 여호와께서 거기서 그들을 온 지면에 흩으셨으므로 그들이 그 도시를 건설하기를 그쳤더라. 그러므로 그 이름을 바벨이라 하니 이는 여호와께서 거기서 온 땅의 언어를 혼잡하게 하셨음이니라. 여호와께서 거기서 그들을 온 지면에 흩으셨더라"(창 11:1-9).

힘을 모아 하나님을 대적한 교만

노아에게 저주받은 함의 손자 니므롯은 '용감한 사냥꾼'이었는데 여러 도시를 건설했다. 그의 나라는 시날 땅의 바벨에서 시작해 앗수르로 나가 니느웨와 레센 등으로 확장되었는데 큰 성읍이었다(창 10:8-12). 니므롯이 건설한 시날 땅 바벨에서 사람들이 탑을 쌓았다. 그들은 한 가지 언어와 통일된 생각으로 하나님께 영광 돌리는 인간 본연의 사명을 다하지 않고 하나님을 대적하려는 음모를 꾸몄다. 탑을 하늘까지 쌓아 이름을 드러내고 흩어지지 말자고 했다. 뿌리 깊은 인간의 교만을 어떻게 해야 하는가?

흩어져 외국어를 열심히 배우라.

교만한 사람들의 바벨탑 건설을 지켜보시던 하나님이 친히 강림하셨다. "이후로는 그 하고자 하는 일을 막을 수 없으리로다." 하나님의 말씀 속에 그대로 두면 인간이 더 큰 일을 내겠다는 심각한 우려가 보인다(6절). 하나님은 그런 교만한 발상을 하게 한 동일 혈통과 통일된 언어를 헷갈리게 하여 문제를 해결하셨다. 언어를 혼잡하게 하시고 사람들을 흩으셨다. 결국 위대한 도시와 하늘에 닿을 탑건설하기를 포기한 사람들은 무엇을 해야 했을까? 하나님이 흩으신곳으로 쫓겨 가서 열심히 외국어를 배워 의사소통하며 살아야 했다. 바벨에서 성읍과 탑을 건설하여 하늘에까지 닿게 하자며 그들의 "이름을 내고 온 지면에 흩어짐을 면하자"던 악한 의도가 이렇게 박살났다. "여호와께서 거기서 그들을 온 지면에 흩으셨더라"(9절). 그들은 다시금 하나님의 창조명령을 수행해야 했다. "생육하고 번성하여땅에 충만하라"(창 1:28).

요즘에는 번역기가 있으니 불어, 독어, 네덜란드어는 물론이고라틴어 번역조차 그리 어렵지 않다. 혜택을 누리면서도 통번역 시스템이 또다시 하나님을 대적하는 바벨탑은 아닐까 걱정된다. 4차산업혁명, 인공지능으로 인간의 이름을 내려는 의도에 가담하지 않는 용기가 필요하다.

"바벨에 모인 사람들을 온 지면에 흩으신 하나님, 문명의발전이 하나님을 대적하는 인간 승리가 되지 않게 해주소서. 하나님 앞에서 겸손하겠습니다. 흩어진 곳, 제가 일하는 일터에서 하나님의 창조명령을 제대로 수행하도록 인도해주소서."

일터에서 하나님의 이름을 부르는
크리스천의 정체성을 드러낸다고 하여
종교성을 표출해서는 안 된다.
일하는 사람으로서 성실함과 능력으로
크리스천다움을 드러내야 한다.

이후에 여호와의 말씀이 환상 중에 아브람에게 임하여 이르시되
아브람아 두려워하지 말라. 나는 네 방패요 너의 지극히 큰 상급이니라. 창 15:1

PART 2

멋지게
일하는
크리스천

01

하나님의 부르심 : 인생소명

텔레비전의 한 연예 프로그램에서 한 아이가 꿈이 뭔지 질문받고 대답했다. "CF 찍어서 집, 땅, 차!" 사람들이 다 웃었다. 역시 연예인인 아버지의 꿈과 같다는 그 아이의 꿈은 어쩌면 우리 시대를 사는 사람들의 보편적인 꿈이 아닐까 생각했다. 성경에도 땅과 관련된 평생의 꿈을 가진 사람이 있었다. 물론 내용은 천양지차다. 하나님이 아브람을 부르셨다. 믿음의 조상 아브람은 영광스러운 모습으로 나타나신 하나님의 말씀을 듣고(행 7:2) 믿음의 발걸음을 옮겼다.

아브람의 소명과 삶을 창세기 12장부터 기록하고 있다. "여호와께서 아브람에게 이르시되 너는 너의 고향과 친척과 아버지의 집을 떠나 내가 네게 보여줄 땅으로 가라. 내가 너로 큰 민족을 이루고 네게 복을 주어 네 이름을 창대하게 하리니 너는 복이 될지라. 너를 축복하는 자에게는 내가 복을 내리고 너를 저주하는 자에게는 내가 저주하리니 땅의 모든 족속이 너로 말미암아 복을 얻을 것이라 하신지라. …여호와께서 아브람에게 나타나 이르시되 내가 이 땅을 네 자손에게 주리라 하신지라. 자기에게 나타나신 여호와께 그가 그곳에서 제단을 쌓고 거기서 벧엘 동쪽 산으로 옮겨 장막을 치니 서쪽은 벧엘이요 동쪽은 아이라. 그가 그곳에서 여호와께 제단을 쌓고 여호와의 이름을 부르더니 점점 남방으로 옮겨갔더라"(창 12:1-3, 7-9).

아브람에게 주신 인생소명

메소포타미아 문명이 번성하던 갈대아 우르에서 살던 아브람에게 나타나신 하나님은 그에게 떠나라고 하면서 소명을 주셨다. 그 소명에는 아브람을 통해 이룰 후손, 즉 큰 민족과 땅에 대한 약속이 담겨 있다. 그리고 아브람이 세상에서 복이 될 것이라고 하나님은 약속하셨다. 국가를 이루는 세 가지 요소가 영토, 국민, 주권이다. 바로 하나님 나라를 이루는 세 요소인 땅과 후손, 축복의 통로를 하나님은 약속하셨다. 하나님이 오늘 우리에게 주신 소명도 아브람이 받은 소명과 같다. 아브람의 인생소명에서 드러나는 대로 하나님 나라를 임하게 할 책임이 우리에게 주어졌다.

당장 완성되지는 않는 인생소명

그러나 막상 아브람이 하나님의 언약을 믿고 고향을 떠나 약속하신 땅에 왔지만 그 땅을 당장 차지하지는 못했다. 약속의 땅에는 가나안 사람들이 거주하고 있었고(6절), 기근이 심해서 그곳에 머물 수 없는 때도 있었다(10절). 그런데 아브람은 "자기에게 나타나신 여호와", 즉 인생소명을 주신 하나님을 위해 특별한 행동을 했다. 제단을 쌓고 하나님께 예배드렸다(7절). 여러 곳으로 옮겨 다니는 곳마다 계속 그렇게 제단을 쌓고 여호와의 이름을 불렀다(8절). 이런 예배의 자세가 오늘 우리에게도 필요하다. 하나님이 주신 인생소명을 가진 사람은 어디에서나 하나님의 뜻을 찾으면서 침묵 정진한다.

요즘 직업 정년은 단축되고 수명의 연장으로 은퇴 후 삶도 길어졌다. 일상의 중요성도 강조된다. 이미 평생직장 시대는 지났고, 이제 평생직업이라는 개념도 오늘 우리 시대의 현실을 제대로 담아내지 못한다. 이제 일터소명, 나아가 인생소명을 추구하며 살아야 한다.

"아브람에게 인생소명을 주신 하나님, 저에게도 인생소명을 주셨습니다. 가정과 일터와 교회와 저의 인생에서 복이 되게 인도해주소서. 아브람처럼 어디를 가든지 하나님께 예배하며 하나님의 뜻을 찾겠습니다. 하나님 나라와 하나님의 의를 구하며 살아가게 도와주소서."

02 통 큰 양보가 만든 멋진 이별

일하다가 함께할 수 없게 되었을 때 어떻게 해야 하는가? 성경에 두 가지 유형이 있다. 바울-바나바 유형과 아브람-롯 유형이다. 함께할 팀원의 선택 갈등, 목초지의 절대 부족 상황에서, 결과는 똑같이 이별이었다. 바울과 바나바는 심하게 다투다가 갈라섰고 결국 두 개의 선교팀이 각각 출발했다. 아브람과 롯은 문제를 어떻게 풀었을까?

인간관계만이 아니라 경제적 이해관계가 얽힌 보다 복잡한 문제를 아브람이 풀어내고 있다. "그 땅이 그들이 동거하기에 넉넉하지 못하였으니 이는 그들의 소유가 많아서 동거할 수 없었음이니라. 그러므로 아브람의 가축의 목자와 롯의 가축의 목자가 서로 다투고 또 가나안 사람과 브리스 사람도 그 땅에 거주하였는지라. 아브람이 롯에게 이르되 우리는 한 친족이라. 나나 너나 내 목자나 네 목자나 서로 다투게 하지 말자. 네 앞에 온 땅이 있지 아니하냐. 나를 떠나가라. 네가 좌하면 나는 우하고 네가 우하면 나는 좌하리라. 이에 롯이 눈을 들어 요단 지역을 바라본즉 소알까지 온 땅에 물이 넉넉하니 여호와께서 소돔과 고모라를 멸하시기 전이었으므로 여호와의 동산 같고 애굽 땅과 같았더라. 그러므로 롯이 요단 온 지역을 택하고 동으로 옮기니 그들이 서로 떠난지라"(창 13:6-11).

함께 있지 못할 때는 지혜롭게 떠나라.

기근이 들어 아브람이 애굽에 다녀오면서 우여곡절 속에 가축이 많이 늘어났다. 벧엘과 아이 사이, 전에 거주했던 곳으로 돌아왔는데 조카 롯과 함께 거주하기가 불편해져서 종들 간에 다툼이 생겼다. 당시의 사회는 한 사람이라도 더 모여 함께 있어야 외적의 침입을 막기에 좋았다. 그런데 아브람이 헤어지기로 한 것은 믿음 때문이었다. 롯과 분가해서 위험해져도 하나님이 함께하시리라는 확신이 있었기 때문이었다. 문제는 지혜롭게 이별하는 방법이었다.

아브람, 통큰 양보의 미덕을 발휘하다.

아브람은 조카 롯에게 원하는 땅을 먼저 선택하라고 양보했다. 그러자 롯은 요단 동편의 유목하기에 좋은 땅을 택해서 떠났다. 아브람은 가나안 땅에 그대로 남았다. 토마스 릴은 이런 아브람의 모습을 보고 아브람에게서 믿음의 아버지가 될 만한 거인의 면모를 발견했다. 아브람은 하나님이 불러주신 인생소명을 기억했고 세상에서 복이 될 것이라는 하나님의 약속을 굳게 믿었다. 그래서 눈앞에 보이는 경제적 이익을 과감하게 포기할 수 있었다. 아브람의 통 큰 양보가 있었기에 이해관계가 얽힌 갈등을 쉽게 풀어내고 롯과 멋진 이별을 할 수 있었다.

서운할 때 하나님이 언약으로 달래신다.

그런데 아마 아브람은 서운한 감정을 느꼈을 듯하다. 아브람도 사람인데 왜 좋은 땅을 갖고 싶지 않았겠는가? 롯이 떠난 바로 그때 적절하게 하나님이 아브람에게 나타나셨다. 이렇게 구체적으로 아브람의 소명을 확인해주셨다. 동서남북 사방을 바라보라고 하셨다. "보이는 땅을 내가 너와 네 자손에게 주리니 영원히 이르리라." 아브람의 자손이 땅의 티끌같이 많아질 것이라고 하셨다. 그 땅을 종과 횡으로 다녀보라고 하셨다. "내가 그것을 네게 주리라." 그리고 또 한 번 특별한 기록이 있다. 헤브론으로 장막을 옮긴 아브람은 거기서도 여호와를 위하여 제단을 쌓았다.

비즈니스 세계에서 자기 몫을 양보하면 무능해 보일 수 있다. 그래서인지 일터현장에 추한 이별이 많다. 갈등이 있거나 더는 함께할 수 없을 때 아브람처럼 통 크게 양보하여 멋지게 이별한다면 그야말로 멋진 미덕이 아닐 수 없다.

 "눈앞의 이익에만 매달리기를 원치 않으시는 하나님, 하나님이 주신 소명을 가진 자가 선택할 수 있는 양보의 미덕을 저에게도 허락해주소서. 각박하고 이기적인 비즈니스 현장에서 크리스천다운 모습을 통해 아름다운 인간관계를 만들어갈 수 있게 인도해주소서."

>>> 창세기 14:14-16,21-24

03 아브라함처럼 일하라

아브람과 롯이 멋진 이별을 한 후 아브람은 남쪽으로 내려가 헤브론으로 옮겨갔다. 롯은 요단강 쪽 도시들에 머무르다 사해 남쪽까지 가서 소돔성으로 이주했는데 소돔 사람은 여호와 앞에 악하고 큰 죄인이었다. 거기서 롯은 소돔 왕이 포함된 다섯 왕과 네 왕 간의 가나안 전쟁에 휘말려 포로가 되었다. 아브람의 입장에서 삼촌에게 인사치레라도 먼저 권하지 않고 좋은 땅을 택한 조카 롯이 좀 얄밉지 않았을까? 이때 아브람이 어떻게 행동했는지 살펴보자.

오늘 우리가 보아도 감탄할 만한 멋진 크리스천 직업인의 모습을 아브람이 보여준다. "아브람이 그의 조카가 사로잡혔음을 듣고 집에서 길리고 훈련된 자 삼백십팔 명을 거느리고 단까지 쫓아가서 그와 그의 가신들이 나뉘어 밤에 그들을 쳐부수고 다메섹 왼편 호바까지 쫓아가 모든 빼앗겼던 재물과 자기의 조카 롯과 그의 재물과 또 부녀와 친척을 다 찾아왔더라. …소돔 왕이 아브람에게 이르되 사람은 내게 보내고 물품은 네가 가지라. 아브람이 소돔 왕에게 이르되 천지의 주재이시요 지극히 높으신 하나님 여호와께 내가 손을 들어 맹세하노니 네 말이 내가 아브람으로 치부하게 하였다 할까 하여 네게 속한 것은 실 한 오라기나 들메끈 한 가닥도 내가 가지지 아니하리라. 오직 젊은이들이 먹은 것과 나와 동행한 아넬과 에스골과 마므레의 분깃을 제할지니 그들이 그 분깃을 가질 것이니라"(창 14:14-16, 21-24).

전쟁에 휘말려도 할 일은 한다.

아브람이 조카 롯과 분가한 일이 현실적 위험으로 나타났다. 당시 가나안 땅 도시 왕국들의 권력 게임에 롯이 피해를 봤다. 그런데 롯이 잡혀갔을 때 아브람은 즉각적인 대응했다. 자신의 집에서 길리고 훈련된 자 318명과 동맹군을 이끌고 참전하여 롯의 가족과 친척뿐만 아니라 소돔 사람을 찾아왔다. 가나안 왕들의 전쟁에 휘말려 자신이 위험하고 어려움을 겪더라도 사로잡힌 조카를 위해 즉각 대처하는 아브람의 모습은 멋지고 아름답다. 서운한 감정이 있어도 꼭 해야 할 일은 놓치지 않는 사람이 아브람이었다.

승리와 성과는 하나님께

아브람은 네 왕의 연합군과 맞선 전쟁에서 승리했는데 그 승리의 원인이 바로 하나님께 있다고 고백했다. '지극히 높으신 하나님의 제사장'이라고 묘사되는 살렘 왕 멜기세덱에게 아브람이 전리품의 십일조를 드린다. 멜기세덱에게 예물을 드린 아브람은 그 전쟁에서 승리하게 하신 분이 바로 하나님이심을 인정했다. 목숨 걸고 열심히 일해서 얻은 성과가 하나님의 축복이고 인도라고 고백하는 자세야말로 멋진 크리스천 직업인의 믿음이다.

돈문제로 인한 구설수는 거부한다.

또한 아브람은 백성들을 되찾은 소돔 왕이 사람만 돌려받고 찾아온 물건은 모두 아브람에게 주겠다고 했을 때 그것을 받지 않았다. 전리품으로 부자가 되었다는 구설에 휘말리지 않으려고 작은 것 하나도 가지지 않겠다고 선언했다. 다만 병사들의 식량과 동맹군의 수고비는 받았다. 필요 경비는 예외로 하겠다는 뜻이다. 합리적 결정이다. 나의 정직을 입증하려고 당연히 받아야 할 사람들의 몫마저 희생하라고 강요하면 정당하지 못하다. 이렇게 금전문제에서 분명해야 구설에 휘말리지 않는다. 이런 아브람이야말로 멋진 크리스천 직업인의 모델이다.

아브람처럼 남들이 귀찮아하는 일을 찾아 솔선수범하는 훈련을 해야 한다. 이웃에 대한 무관심은 전쟁보다 위험하다. 사람에게 관심 가지고 성과의 공은 하나님께 돌리고 사람들의 구설에 휘말리지 않도록 재정적으로 투명한 정직성을 훈련해야 한다. 그래야 세상에 복이 된다.

 "아브람의 하나님, 점점 더 이기적으로 변하는 우리 일터에서 뭔가 다르다고, 정말 멋있는 직업인이라고 인정받기를 원합니다. 공로는 하나님과 함께 일한 동료들에게 돌리고 사적인 이익은 취하지 않는 깨끗한 직업인이 되게 인도해주소서."

>>> 창세기 15:1-7

04 별을 보며 기억하는 인생소명

아들이 초등학생일 때 밤에 어딘가 함께 갔다가 걸어서 집으로 돌아오던 길이었다. 뜬금없이 아들이 하늘을 보라고 하여 하늘을 쳐다봤다. 밤에 고개를 들어 하늘을 쳐다본 지 꽤 오래된 듯한데 도시에서도 반짝이는 별들이 꽤 많이 보였다. 정확히 다 보이지는 않지만 아들이 학교에서 배운 북극성과 북두칠성도 함께 찾아봤다. 별을 살펴본 김에 여름방학 때 강원도 영월에 있는 별마로천문대에도 다녀왔다.

하나님이 아브람에게 별을 보여주며 언약을 상기시키셨다. "이후에 여호와의 말씀이 환상 중에 아브람에게 임하여 이르시되 아브람아 두려워하지 말라. 나는 네 방패요 너의 지극히 큰 상급이니라. 아브람이 이르되 주 여호와여 무엇을 내게 주시려 하나이까. 나는 자식이 없사오니 나의 상속자는 이 다메섹 사람 엘리에셀이니이다. 아브람이 또 이르되 주께서 내게 씨를 주지 아니하셨으니 내 집에서 길린 자가 내 상속자가 될 것이니이다. 여호와의 말씀이 그에게 임하여 이르시되 그 사람이 네 상속자가 아니라 네 몸에서 날 자가 네 상속자가 되리라 하시고 그를 이끌고 밖으로 나가 이르시되 하늘을 우러러 뭇별을 셀 수 있나 보라. 또 그에게 이르시되 네 자손이 이와 같으리라. 아브람이 여호와를 믿으니 여호와께서 이를 그의 의로 여기시고 또 그에게 이르시되 나는 이 땅을 네게 주어 소유를 삼게 하려고 너를 갈대아인의 우르에서 이끌어 낸 여호와니라"(창 15:1-7).

인생소명은 언제 성취되나?

아브람이 하나님께 받은 인생소명은 땅과 후손, 세상에서 복의 통로가 되는 것이었다. 하나님 나라를 이루는 언약이었다. 그런데 쉽지 않았다. 일흔다섯 살에 부름받았지만 시간은 흘러가고 나이는 들어가는데 아들은 태어나지 않았다. 세월이 갈수록 점점 힘들어졌다. 답답한 아브람이 환상 중에 나타나신 하나님께 관습을 따라 집안의 종이 상속자가 될 것이라고 말했다. 하나님의 뜻과 달리 그저 그렇게 지레짐작했다.

하늘을 우러러 별을 보라.

그때 하나님이 아브람을 밖으로 데리고 나가셨다. 눈을 들어 하늘을 보라고 하셨다. "하늘을 우러러 뭇별을 셀 수 있나 보라." 셀 수 없는 별처럼 많은 후손을 주겠다고 하나님은 약속하셨다. 전에 롯과 이별했을 때는 아브람의 후손이 땅의 티끌같이 많을 것이라고 말씀하셨다. 여기서는 하나님이 뭇별을 세어보라며 언약을 상기시켜주셨다. 하나님이 직접 만드신 '교보재'로 친히 교육해주신 일종의 '저자 직강'과도 같았다.

아브람이 여호와를 믿으니

아마도 그날 밤에 하나님이 아브람에게 보여주신 별은 우리가 오늘 볼 수 있는 별보다 더 많았을 듯하다. 그 땅은 구름이 거의 없으니 더욱 별이 밝게 빛났을 것이다. 유진 피터슨 목사님이 겨울에 몬타나 산악 지방에 가서 글을 쓰며 지낼 때, 지평선 위에서부터 온 하늘에 별들이 뒤덮여 반짝였다는 글을 보고 부러웠던 기억이 난다. "네 자손이 이와 같으리라." 별을 본 아브람은 하나님의 말씀을 믿었고 하나님이 그 믿음을 의로 여기셨다. 아브람이 믿음을 갖도록 밤하늘에 하늘을 우러러 별을 보라시던 하나님은 우리에게도 인생소명을 주셨다. 아브람에게 주신 언약을 예수님을 통해 우리에게도 주셨다.

우리도 밤하늘의 별을 바라보자. 하나님이 창조하신 우주의 광대함에 다시 한번 놀라며 하나님 나라 시민인 우리를 향한 원대한 계획도 바라보는 기회를 가져보자. 오늘도 일터에서 하나님이 주신 인생소명을 확인하고 하나님의 약속을 기억하며 하루의 삶을 살아나가야 하겠다.

"아브람을 믿음의 조상으로 삼으신 하나님, 아브람의 믿음을 기쁘게 보셨던 하나님이 아브람에게 하나님이 어떤 분인지 알려 주셨습니다. 저도 인생소명을 주신 하나님을 굳게 믿고 하나님 나라를 위해 오늘도 일하며 살아가게 인도해주소서."

05

네가 어디서 왔으며
어디로 가느냐?

하나님이 주신 소명을 이루기 위해 아브람은 집안의 종인 엘리에 셀에게 상속할 생각을 했다. 자식이 없으니 당시의 관습을 따르겠다고 하나님께 말씀드렸다. 실제로 그렇게 하지는 않지만 아브람이 하나님께 대안을 제시한 셈이었다. 아브람의 아내 사래도 자신이 출산하지 못하기에 대안을 가지고 있었다. 자신의 여종 애굽 사람 하갈을 남편의 첩으로 삼게 했다. 창세기는 이 일과 관련해서 이스라엘 외에 한 종족의 탄생을 기록으로 남겨준다. 아브람 부부의 '외도'에서 하나님에 관한 중요한 속성도 발견할 수 있다.

아브람의 첩이 된 여인 하갈도 살피시는 하나님을 만나볼 수 있다. "여호와의 사자가 광야의 샘물 곁 곧 술 길 샘 곁에서 그를 만나 이르되 사래의 여종 하갈아 네가 어디서 왔으며 어디로 가느냐. 그가 이르되 나는 내 여주인 사래를 피하여 도망하나이다. 여호와의 사자가 그에게 이르되 네 여주인에게로 돌아가서 그 수하에 복종하라. 여호와의 사자가 또 그에게 이르되 내가 네 씨를 크게 번성하여 그 수가 많아 셀 수 없게 하리라. 여호와의 사자가 또 그에게 이르되 네가 임신하였은즉 아들을 낳으리니 이름을 이스마엘이라 하라. 이는 여호와께서 네 고통을 들으셨음이니라. 그가 사람 중에 들나귀같이 되리니 그의 손이 모든 사람을 치겠고 모든 사람의 손이 그를 칠지며 그가 모든 형제와 대항해서 살리라 하나라. 하갈이 자기에게 이르신 여호와의 이름을 나를 살피시는 하나님이라 하였으니 이는 내가 어떻게 여기서 나를 살피시는 하나님을 뵈었는고 함이라. 이러므로 그 샘을 브엘라해로이라 불렀으며 그것은 가데스와 베렛 사이에 있더라"(창 16:7-14).

도망가는 하갈

아브람의 아내 사래는 후손의 약속을 받았어도 자신이 아이를 낳지 못하자 애굽인 여종 하갈을 남편에게 첩으로 주었다. 그런데 아이를 잉태한 하갈이 자신의 임신을 확인하고 주인 사래를 멸시했다. 결국 하갈은 여주인 사래에게 학대를 받고 도망간다. 도망가는 하갈이 광야의 샘물 곁에 있을 때 하나님의 사자가 나타나 물었다. "사래의 여종 하갈아 네가 어디서 왔으며 어디로 가느냐?"

"네 씨를 크게 번성하게 하리라!"

하나님은 하갈을 통해서도 놀라운 역사를 이룰 준비를 하고 계셨다. 하나님의 사자가 한 질문에 하갈은 그저 "나는 내 여주인 사래를 피하여 도망하나이다"라고 자신의 처지를 한탄할 수밖에 없었다. 그러나 하나님의 사자는 이때 하갈이 어떻게 행동해야 할지 알려주면서 하나님의 약속을 전했다. 일단 하갈은 여주인에게로 돌아가 사래에게 복종하면서 아들을 낳아야 했다. 그 아들을 통해서 한 민족을 이루고 번성하게 하실 것을 하나님은 약속하셨다. "내가 네 씨를 크게 번성하여 그 수가 많아 셀 수 없게 하리라."

나를 살피시는 살아계신 하나님

이렇게 하나님은 주인에게 쫓겨난 딱한 애굽 여인의 고통도 들어주신다. 하갈이 낳을 아들의 이름을 '이스마엘'이라 하라고 했는데 '하나님이 들으신다'는 뜻이다. 하갈은 주인에게 쫓겨난 후 자신을 살펴주시는 살아계신 하나님에 대해 깨달았다. 자신에게 말씀하신 하나님에 대해 '나를 살피시는 하나님'이라고 고백했다. 하나님의 사자가 나타난 그 샘을 브엘라해로이라고 불렀다. "나를 살피시는 살아계신 이의 우물"이라는 뜻이다(13-14절).

하나님은 부족하고 연약한 사람의 고통에도 귀를 기울이는 분이시다. "네가 어디서 왔으며 어디로 가느냐?" 우리에게도 하시는 질문에 대답하며 '나를 살피시는 하나님'을 체험할 수 있다. 고통과 위기 가운데서 언약을 주시는 하나님이 새로운 소명을 부여하신다.

 "학대받고 아픔을 겪었던 하갈을 살피신 하나님, 저도 어려움이 있을 때 살피시는 하나님을 의지하겠습니다. 제 인생이 어디로 와서 어디로 가는지 분명히 알게 해주시고 인생길에 하나님의 인도하심과 돌보심을 기대하며 살아가게 도와주소서."

06 하나님이 침묵하실 때

복음을 전하다가 감옥에 갇힌 한 전도자가 있었다. 감옥에서도 복음을 전하자 간수가 하나님이 너무 무능해서 옥에서 그를 구해내지 못한다고 조롱했다. 그러자 전도자는 간수에게 말했다. "그분이 나를 여기로 부르셨습니다. 내가 여기 갇힌 나의 동료 죄수들에게 전도할 수 있게 하려고 말입니다. 그러니 당신은 나의 전도를 위해서 숙식을 제공해주는 겁니다." 그 간수는 얼마나 기가 찼을까. 전도자는 침묵하시는 것처럼 보이는 하나님을 감옥에서도 발견했다.

갈대아 우르에서 부름을 받은 후 24년이 지난 때 하나님이 아브람에게 나타나셨다. "하갈이 아브람의 아들을 낳으매 아브람이 하갈이 낳은 그 아들을 이름하여 이스마엘이라 하였더라. 하갈이 아브람에게 이스마엘을 낳았을 때에 아브람이 팔십육 세였더라. 아브람이 구십구 세 때에 여호와께서 아브람에게 나타나서 그에게 이르시되 나는 전능한 하나님이라. 너는 내 앞에서 행하여 완전하라. 내가 내 언약을 나와 너 사이에 두어 너를 크게 번성하게 하리라 하시니 아브람이 엎드렸더니 하나님이 또 그에게 말씀하여 이르시되 보라. 내 언약이 너와 함께 있으니 너는 여러 민족의 아버지가 될지라. 이제 후로는 네 이름을 아브람이라 하지 아니하고 아브라함이라 하리니 이는 내가 너를 여러 민족의 아버지가 되게 함이니라"(창 16:15-17:5).

소명받은 후 10년

후손을 주시겠다는 하나님의 언약을 받은 아브람이었지만 75세에 고향을 떠난 후 10년 동안이나 자식이 없었다. 점점 늙어갈수록 초조했을 아브라함은 아내의 제안으로 당시 풍습을 따라 자식을 낳아 대를 이으려고 했다. 아내의 몸종 하갈을 첩으로 얻어서 후손을 이으려고 했는데, 이것은 당시의 관습이었지만 결코 하나님의 뜻은 아니었다. 우리도 "너희는 이 세대를 본받지 말고 오직 마음을 새롭게 함으로 변화를 받아 하나님의 선하시고 기뻐하시고 온전하신 뜻이 무엇인지 분별하도록 하라"(롬 12:2)는 말씀을 명심해야 한다.

그 후 또 13년

아브람이 하갈을 통해 이스마엘을 낳은 지 13년이 지난 후 하나님은 사래를 통해 아들을 주겠다고 약속하셨다. 아브람의 나이 99세 때의 일로 13년의 세월 동안 아브람에게 어떤 일이 있었는지 우리는 잘 알지 못한다. 이스마엘이 커가는 모습을 보면서 하나님이 주신 소명이 조금 다르게 이루어진다고 안도했을까? 다만 중요한 점은 하나님의 소명을 받은 사람은 하나님이 침묵하시는 때에도 인내하며 일상적인 삶을 살아야 한다는 것이다.

너는 내 앞에서 행하여 완전하라.

갈대아 우르에서 소명받은 지 24년이 지난 어느 날 아브람에게 나타나신 하나님이 말씀하셨다. "나는 전능한 하나님이라. 너는 내 앞에서 행하여 완전하라." 24년이 짧은 세월은 아니지만 완전하게 행하지 못한 아브람을 향한 꾸짖음이라고 볼 수 있다. 하나님의 침묵에는 언제나 뜻이 있다. 이제 하나님은 아브람에게 주신 인생소명을 다시 확인하며 구체적인 언약의식을 명하신다. '아브람'에서 '아브라함'(많은 무리의 아버지)으로 이름을 바꾸어주셨다. '사래'의 이름은 '사라'(여주인)로 바꾸어주셨다(15절). 또한 태어날 아들과 대대 후손 사이의 언약 징표로 집안 남자들에게 할례의식을 행하게 하셨다. 사람의 힘으로는 불가능하다고 생각할 때까지 기다려 하나님의 능력으로 '100세에 낳은 아들'이 태어나야 했다. 기다리기 답답하고 힘들어도 하나님이 아브라함에게 주신 인생소명은 틀림없이 이루어지고 있었다.

하나님이 오래 침묵하셔도 우리는 '전능한 하나님' 앞에서 완전하게 행해야 한다. 누구에게나 하나님이 침묵하실 때가 있는데 구체적으로 하나님의 뜻이 무엇인지 기도하며 확인하여 순종하는 삶을 살아가야 한다.

 "아브라함에게 완전하게 행하라고 말씀하신 하나님, 저도 일의 성취가 당장 눈앞에 보이지 않아 답답할 때가 많습니다. 하나님이 주신 인생소명을 늘 확인하며 가장 완전하고 결국 저에게도 유익한 하나님의 뜻을 의지하게 도와주소서."

07

손님 접대의 생활신앙

제약회사에서 오랫동안 일하고 대표를 지낸 분이 라디오방송에서 하는 간증을 들었다. 오래전 영업사원 시절 접대하는 일이 크리스천으로서 참 힘들었다고 한다. '접대' 앞에 붙는 불의한 단어들 때문에 고민이 많았다. 그래서 외국 바이어를 집으로 초대해 숙박하게 하고, 소찬으로 대접하며, 한국의 명소를 직접 관광 가이드했다. 당시에도 일반적이지 않은 접대를 한동안 계속했다. 나중에 여러 바이어가 그 시절에 당신의 집으로 초대해 정성을 다해 대접해준 일이 기억난다며 고마움을 표현했다. 여러 가지 접대를 하지 않으면 영업을 할 수 없다는 업계 분위기 속에서도 영업 실적을 괜찮게 올리고, 그 바이어들과도 좋은 관계를 유지했다고 한다.

아브라함이 손님을 접대하는 멋진 장면을 볼 수 있다. "여호와께서 마므레의 상수리나무들이 있는 곳에서 아브라함에게 나타나시니라. 날이 뜨거울 때에 그가 장막 문에 앉아 있다가 눈을 들어 본즉 사람 셋이 맞은편에 서 있는지라. 그가 그들을 보자 곧 장막 문에서 달려나가 영접하며 몸을 땅에 굽혀 이르되 내 주여 내가 주께 은혜를 입었사오면 원하건대 종을 떠나 지나가지 마시옵고 물을 조금 가져오게 하사 당신들의 발을 씻으시고 나무 아래에서 쉬소서. 내가 떡을 조금 가져오리니 당신들의 마음을 상쾌하게 하신 후에 지나가소서. 당신들이 종에게 오셨음이니이다. 그들이 이르되 네 말대로 그리하라. 아브라함이 급히 장막으로 가서 사라에게 이르되 속히 고운 가루 세 스아를 가져다가 반죽하여 떡을 만들라 하고 아브라함이 또 가축 떼 있는 곳으로 달려가서 기름지고 좋은 송아지를 잡아 하인에게 주니 그가 급히 요리한지라. 아브라함이 엉긴 젖과 우유와 하인이 요리한 송아지를 가져다가 그들 앞에 차려 놓고 나무 아래에 모셔 서매 그들이 먹으니라"(창 18:1-8).

몸에 밴 손님 접대

아브라함은 손님이 찾아왔을 때 좀 과하게 친절을 베푸는 모습을 보여주었다. 성경에는 하나님이 나타나셨다고 기록하지만(1절) 길 가던 나그네와 같은 사람의 모습이었다(2절). 마침 '날이 뜨거울 때'였다. 그래서 더욱 그 길손들을 잘 대접하려는 아브라함의 모습이 인상적이다. 최대한 예의를 갖추어 길손을 영접하는 아브라함의 모습은 성경에도 반복해 기록된 미덕이다. 이 미덕은 손님을 접대하는 생활신앙을 보여준다. 하나님을 섬기는 믿음이 사람들을 향해서도 그대로 나타난 모습으로 그야말로 하나님 사랑, 이웃 사랑이다.

삶 속의 자연스러운 생활신앙

손님을 대접하는 아브라함의 모습을 묘사하는 성경의 기록을 보면 매우 특이하다. 과도하게 서두르는 모습이나 종들에게 지시하는 아브라함의 말을 들어보면 당시 99세였던 나이가 무색하다. 급히 장막으로 가서, 속히 떡을 만들라고 지시했고, 가축 떼에 달려갔고, 하인이 급히 요리했다. 이런 표현들은 아브라함이 손님을 대접하기 위해 얼마나 마음을 쓰고 있는지 잘 보여준다. 창세기 기자가 놓치지 않고 기록한 아브라함의 행동은 바로 그의 생활신앙을 보여주는 중요한 증거이다. 삶 속에 자연스럽게 생활신앙이 배어 있었다. 더구나 이런 생활신앙은 아브라함과 함께 지냈던 조카 롯에게도 전수되었다는 점이 특징적이다(창 19장). 나아가 이삭의 아내가 된, 아브라함의 종손녀 리브가에게도 전수된 신앙의 유산이라는 점도 인상적이다(창 24장).

요즘에는 사람들을 대접하고 친절을 베풀기가 쉽지 않다. 업무상 접대를 해야 할 때도 고민하고 기도하며 마음을 담아 감동을 주는 방법을 찾아야 하겠다. 하루 한 가지씩이라도 아브라함처럼 일터 동료와 고객들에게 친절과 사랑 베풀기를 실천해볼 수 있어야 하겠다.

"아브라함의 손님 접대 신앙을 기뻐하신 하나님, 하나님을 섬기는 믿음이 사람 사랑으로 나타날 수 있도록 도와주소서. 일터에서 사람들을 섬기는 믿음을 보이도록 손과 발에 순발력을 주시고 늘 의식을 깨우쳐주시기 원합니다. 호의의 미덕을 실천하게 인도해주소서."

08

왕 같은 제사장
: 일터와 세상을 중보하라

리치 마샬은 「왕의 사역」(서로사랑 펴냄)에서 '목회자'나 '평신도'라는 용어 대신 '제사장'과 '왕'으로 대체하자고 제안한다. 베드로가 성도의 정체를 가리켜 "왕 같은 제사장"(벧전 2:9)이라고 표현한 것과도 부합된다. 성도들은 일터와 가정과 세상에서 왕과 제사장이다. 목회자는 교회 안에서 제사장의 역할을 한다. 성도는 왕으로 하나님의 창조명령을 따라 세상을 위임 통치한다. 특히 제사장의 역할은 하나님과 이스라엘 사이를 중보하는 일이었다. 제사 의식과 율법을 가르치는 일을 주로 했다. 아브라함이 의인을 악인과 함께 멸망시키지 말아 달라고 하나님께 했던 기도는 제사장 역할을 이스라엘에서 세상으로 확대한 셈이다. 오늘 우리 크리스천이 해야 할 일을 보여준다.

아브라함이 제사장 역할을 잘 보여주고 있다. "그 사람들이 거기서 떠나 소돔으로 향하여 가고 아브라함은 여호와 앞에 그대로 섰더니 아브라함이 가까이 나아가 이르되 주께서 의인을 악인과 함께 멸하려 하시나이까. 그 성 중에 의인 오십 명이 있을지라도 주께서 그곳을 멸하시고 그 오십 의인을 위하여 용서하지 아니하시리이까. 주께서 이같이 하사 의인을 악인과 함께 죽이심은 부당하오며 의인과 악인을 같이 하심도 부당하니이다. 세상을 심판하시는 이가 정의를 행하실 것이 아니니이까. 여호와께서 이르시되 내가 만일 소돔 성읍 가운데에서 의인 오십 명을 찾으면 그들을 위하여 온 지역을 용서하리라. …아브라함이 또 이르되 주는 노하지 마옵소서. 내가 이번만 더 아뢰리이다. 거기서 십 명을 찾으시면 어찌 하려 하시나이까. 이르시되 내가 십 명으로 말미암아 멸하지 아니하리라. 여호와께서 아브라함과 말씀을 마치시고 가시니 아브라함도 자기 곳으로 돌아갔더라"(창 18:22-26, 32-33).

악한 소돔 사람들을 위한 중보기도

아브라함은 소돔성과 고모라성이 죄악으로 인해 멸망 당할 것을 알고 하나님께 기도했다. 그 성에 의인이 있는데 함께 멸망시키면 하나님의 정의에도 어긋난다는 내용을 요지로 삼아 기도했다. 그러자 하나님은 소돔성에서 50명의 의인을 찾는다면 소돔성을 멸망시키지 않겠다고 약속하셨다. 그런데 아무래도 그만한 의인을 찾기 힘들다고 판단한 아브라함은 계속 기도하면서 숫자를 줄여나갔다. 45명, 40명, 30명, 20명. 여섯 번째 기도에서는 열 명의 의인만 있으면 소돔과 고모라를 멸망시키지 말아 달라고 하나님께 간청했다. 그런데 아브라함은 이왕 하는 기도인데, 왜 마지막으로 한 번 더 기도하지 않았을까? 한 명의 의인이라도 있다면 소돔성을 구해달라고 기도했더라면 어떻게 되었을까?

당신은 일터와 세상을 위해 중보하는 제사장

하나님이 멸망시키실 정도로 악했던 소돔 사람들을 위해 중보기도를 하는 아브라함을 보면서 중요한 점을 깨달을 수 있다. 중보기도하는 사람은 바로 제사장이다. 일터를 위해 중보하는 사람은 일터의 제사장이다. 세상을 하나님의 손에 올려드리면서 중보기도하는 사람이 오늘 시대가 요구하는 진정한 제사장이다. 우리도 일터를 위해 중보기도 할 수 있다. 세상을 위해 중보기도 할 수 있다. 그리고 소돔성에 그렇게도 의인이 없었던 것과 오늘의 세상이 비슷한데 우리 자신이 세상과 일터에서 의인이 되어야 한다.

우리의 기도 제목은 얼마나 자신과 좁은 인간관계 영역 안에만 집중되어 있는가? 하나님과 거래하듯이 반복해서 깎으며 기도했던 아브라함의 안타까운 심정으로 우리도 세상을 품고 중보기도 해야 한다.

 "죄인을 벌하시지만 인내하시는 하나님, 아브라함의 심정으로 일터를 위해 기도합니다. 사람들을 악에서 구해주시기를 기도합니다. 어려움을 겪고 있는 우리나라와 세계의 사람들을 위해 기도합니다. 주님이 긍휼을 베풀어주소서. 주님의 십자가 능력으로 은혜를 베풀어주소서.

>>> 창세기 19:1-3,12-14

09 롯의 실패한 인간관계

영국의 민담 중에 '두 얼굴의 집사'가 있다. 그 집사(steward)가 저택의 하인들을 대하는 얼굴은 언제나 사나운 모습이었다. 그런데 자기 주인을 바라보는 얼굴은 언제나 충성스럽고 친절하게 웃는 모습이었다. 이런 두 얼굴의 집사처럼, 마치 가면을 쓴 것처럼 다르게 사는 사람이 오늘날에도 많지 않은가? 우리는 교회와 가정과 일터에서 사람들에게 다르게 보이지는 않는가?

롯에게도 천사들이 찾아왔다. "저녁 때에 그 두 천사가 소돔에 이르니 마침 롯이 소돔 성문에 앉아 있다가 그들을 보고 일어나 영접하고 땅에 엎드려 절하며 이르되 내 주여 돌이켜 종의 집으로 들어와 발을 씻고 주무시고 일찍이 일어나 갈 길을 가소서. 그들이 이르되 아니라. 우리가 거리에서 밤을 새우리라. 롯이 간청하매 그제야 돌이켜 그 집으로 들어오는지라. 롯이 그들을 위하여 식탁을 베풀고 무교병을 구우니 그들이 먹으니라. …그 사람들이 롯에게 이르되 이 외에 네게 속한 자가 또 있느냐. 네 사위나 자녀나 성 중에 네게 속한 자들을 다 성 밖으로 이끌어내라. 그들에 대한 부르짖음이 여호와 앞에 크므로 여호와께서 이곳을 멸하시려고 우리를 보내셨나니 우리가 멸하리라. 롯이 나가서 그 딸들과 결혼할 사위들에게 말하여 이르기를 여호와께서 이 성을 멸하실 터이니 너희는 일어나 이곳에서 떠나라 하되 그의 사위들은 농담으로 여겼더라"(창 19:1-3,12-14).

아브라함에게 생활신앙을 배웠으나

롯은 삼촌 아브라함의 훌륭한 믿음을 배웠다. 아브라함이 세 천사를 대접한 것처럼 롯도 소돔성에 온 두 천사를 영접했다. 급하게 서두르며 최선을 다하던 아브라함의 태도에는 미치지 못하지만 롯도 나그네를 접대하는 일을 잘했다. 롯도 악한 소돔성에서 훌륭한 생활 신앙을 가지고 살고 있었다. 그런데 롯의 인간관계는 어땠는지 살펴 봐야 하겠다.

인간관계에서 실패하다.

롯은 그가 머무는 소돔성 사람들에게 별로 감화를 주지는 못한 것 같다. 불량한 사람들의 말이긴 하지만 롯을 가리켜 "이 자가 들어와서 거류하면서 우리의 법관이 되려" 한다고 말한다. 롯은 아마도 종종 판단을 내리고 입바른 소리는 자주 했지만 소돔성 사람들을 설득하고 감화를 주지는 못했던 것 같다. 삶으로 입증되지 않는 훈계는 잔소리로 들리고 공허할 수밖에 없었다. 롯이 어떤 식으로 행동했기 때문에 그랬는지 한 사건을 통해 확인할 수 있다.

예비 사위들도 감화시키지 못했다.

롯은 소돔 백성들이 자기 집에 온 손님들을 끌어내어 동성애관계를 하려 하자 절대로 그럴 수 없다고 했다. 손님들을 보호하고 직접 나선 롯의 태도는 참 바람직했다. 그런데 손님들을 대신해서 결혼할 두 딸을 내주겠다고 했다. 천사들의 개입으로 실제로 발생하진 않았지만 이 이야기를 들은 예비 사위들이 장인을 어떻게 봤을까? 롯이 소돔성은 곧 멸망하니 떠나자고 말했을 때 사위들은 농담으로 여겼다. 이렇게 가까운 사람들에게도 영적 감화를 주지 못한 롯의 딱한 모습이 참 안타깝다.

일터에서 동료들에게 인정받을 만큼 감화력 있는 믿음을 가지도록 노력해야 한다. 삶으로 입증되고 사람들에게 인정받는 믿음의 삶을 살아야 한다. 어려운 일이 있을 때는 다른 사람을 희생시키려고 하지 말고 자신이 나서서 문제를 해결하기 위해 애쓰는 노력이 필요하다.

"어제나 오늘이나 변함없으신 하나님, 저의 믿음이 교회에서나 일터에서나, 가정에서나 변함없도록 인도해주소서. 롯의 실패한 인간관계로부터 잘 배워 교훈을 얻을 수 있기 원합니다. 일터에서 사람들을 감화시킬 수 있을 만한 참된 영성을 훈련받을 수 있게 도와주소서."

10

>>> 창세기 19:12-15,23-26

네게 속한 자가 또 있느냐?

「영향력」(리더스북 펴냄)이라는 책을 쓴 크리스 와이드너는 이렇게 말한다. "영향력은 보통 '사람들이 하는 일의 기술'을 의미하는데 그 능력은 전부 사람들과 연관되어 있다." 능력만 있으면 영향력을 미칠 수 있다고 생각하는 사람이 많다. 하지만 우리가 경험하는 대로 일은 거의 언제나 인간관계와 밀접하게 연관되어 있다. 특히 크리스천의 '영적 영향력'을 생각한다면 관계는 그 사람의 구원과도 떨어질 수 없다. 우리가 일터에서 전도할 때도 관계를 신경 쓰지 않고 전도하기는 힘들다는 뜻이다.

소돔성에 살던 롯의 인간관계에서 아쉬웠던 점을 다시 한번 살펴볼 수 있다. "그 사람들이 롯에게 이르되 이 외에 네게 속한 자가 또 있느냐. 네 사위나 자녀나 성 중에 네게 속한 자들을 다 성 밖으로 이끌어내라. 그들에 대한 부르짖음이 여호와 앞에 크므로 여호와께서 이곳을 멸하시려고 우리를 보내셨나니 우리가 멸하리라. 롯이 나가서 그 딸들과 결혼할 사위들에게 말하여 이르기를 여호와께서 이 성을 멸하실 터이니 너희는 일어나 이곳에서 떠나라 하되 그의 사위들은 농담으로 여겼더라. 동틀 때에 천사가 롯을 재촉하여 이르되 일어나 여기 있는 네 아내와 두 딸을 이끌어내라. 이 성의 죄악 중에 함께 멸망할까 하노라. …롯이 소알에 들어갈 때에 해가 돋았더라. 여호와께서 하늘 곧 여호와께로부터 유황과 불을 소돔과 고모라에 비같이 내리사 그 성들과 온 들과 성에 거주하는 모든 백성과 땅에 난 것을 다 엎어 멸하셨더라. 롯의 아내는 뒤를 돌아보았으므로 소금 기둥이 되었더라"(창 19:12-15,23-26).

얼마든지 더 구원해주시는 은혜라니

아브라함이 중보기도를 했지만 하나님은 소돔과 고모라성의 악한 죄에 대해 심판하셨다. 다만 롯과 그의 가족들을 구하기 위해 소돔성으로 천사들을 보내셨다. 천사가 롯에게 소돔을 떠나라고 하면서 이렇게 질문했다. "이 외에 네게 속한 자가 또 있느냐?" 사위나 자녀뿐만 아니라 성 중의 모든 사람 가운데서 롯에게 속해 있는 사람들은 다 성 밖으로 이끌어 구원할 수 있었다. 소돔성 사람들의 악함으로 인해 심판하지만 하나님은 롯에게 큰 특권을 주셨다. 롯이 그동안 소돔성에 살며 자기에게 '속한 사람'을 확보하기만 했다면 그들을 다 구할 수 있었다.

당신에게 '속한 사람'이 있는가?

그러면 롯에게 '속한 자'는 어떤 사람이었는가? 롯이 전하는 세상의 멸망에 대한 메시지를 진지하게 받아들이는 사람들이라고 할 수 있다. 롯에게 속한 사람은 소돔성에 얼마나 있었을까? 안타깝게도 롯의 딸들과 결혼할 예비 사위들조차 롯의 말을 농담으로 여겼다

(14절). 심지어 롯은 그의 아내에게마저 영적 영향력을 미치지 못했다. 롯의 아내는 소돔성의 멸망 때 결국 구원받지 못하고 소금 기둥이 되고 말았다. 하나님은 오늘 우리에게도 우리의 일터와 가정에서 영적 영향력을 미치고 있는 사람들이 누구인지 질문하신다. 내 손 안에 있어서 마음대로 할 수 있는 사람이 아니라 악한 세상에서 구원의 길로 이끌고 살려낼 사람이 누구인가 질문하신다.

세상의 종말과 하나님의 심판이 임한다는 메시지는 오늘도 유효하다. 반기독교적 정서가 팽배하고 복음 전하기 힘든 시대이지만 구원받을 수 있는 복음을 듣고 믿음을 가질 사람들을 우리의 일터에서 찾아야 한다. 함께 일하는 동료나 고객들에게 영적 영향력을 확대하기 위해 노력해야 한다.

"사람들을 구원하시는 하나님, 한 사람이라도 더 구원하시려는 하나님의 열정을 배우기 원합니다. 하나님의 사람으로서 착한 행실을 보여 빛과 소금의 역할을 다해 사람들이 결국 하나님께 영광 돌릴 수 있도록 인도해주소서."

〉〉〉 창 19:30-33,36-38

11 롯의 대도시 혐오증

근대 이후 우리나라의 역사를 보면 일본의 압제를 받던 암울한 시절과 해방 후의 혼란, 한국 전쟁을 거치면서 우리 사회는 말로 다 하기 힘들 만큼 어려웠다. 그러다 보니 그 시절에는 교회에서도 요한계시록 강해와 더불어 내세를 소망하는 설교를 주로 하는 부흥회가 많이 열렸다. 세상은 피해야 할 곳이니 하루빨리 떠나야 하고 교회에서 말씀 듣고 찬송하면서 천국을 소망하는 것이 믿음의 삶이라고 생각했다. 안타까운 정황이 이해는 되지만 성속이원론은 그리스도인의 바람직한 정체와는 거리가 있다.

작은 곳으로, 다시 산속의 굴로 피했던 롯에 대해 창세기 19장이 알려준다. "롯이 소알에 거주하기를 두려워하여 두 딸과 함께 소알에서 나와 산에 올라가 거주하되 그 두 딸과 함께 굴에 거주하였더니 큰딸이 작은딸에게 이르되 우리 아버지는 늙으셨고 온 세상의 도리를 따라 우리의 배필 될 사람이 이 땅에는 없으니 우리가 우리 아버지에게 술을 마시게 하고 동침하여 우리 아버지로 말미암아 후손을 이어가자 하고 그 밤에 그들이 아버지에게 술을 마시게 하고 큰 딸이

들어가서 그 아버지와 동침하니라. 그러나 그 아버지는 그 딸이 눕고 일어나는 것을 깨닫지 못하였더라. …롯의 두 딸이 아버지로 말미암 아 임신하고 큰딸은 아들을 낳아 이름을 모압이라 하였으니 오늘날 모압의 조상이요 작은딸도 아들을 낳아 이름을 벤암미라 하였으니 오늘날 암몬 자손의 조상이었더라"(창 19:30-33,36-38).

세상을 탓하며 핑계 대지 말라.

소돔과 고모라가 멸망될 때 천사는 뒤돌아보지 말고 산으로 도망 가라고 롯에게 조언했다. 그런데 롯은 도망하기에 가깝고 작기도 한 성 소알로 도망하게 해달라고 천사에게 사정한다. 소알은 작은 성이 기에 소돔성같이 망하지 않고 생명이 보존될 것이라고 기대했다(20 절). 롯의 이 말에는 소돔성은 큰 성이어서 자신의 신앙을 유지하기 힘들었다는 핑계가 담겨 있다. 일종의 '대도시 혐오증'이었다.

더 작은 곳으로 피해 갔더니…

그런데 작은 소알성도 견디기 힘들었던지 롯은 두 딸과 함께 결 국 산속으로 들어가 굴속에서 살았다. 그런데 그곳에서 어떤 일이 일 어났는가? 두 딸은 아버지는 늙으셨고 온 세상의 도리를 따라 배필 될 사람을 찾을 수 없다면서 종족 보존의 방안을 찾았다. 결국 아버 지에게 술을 마시게 하고 딸들이 롯의 아들이자 손자인 아이들을 낳 았다. 모압과 벤암미는 뒷날 이스라엘을 괴롭힌 모압과 암몬 족속의 조상이 되었다.

대도시 혐오증에서 벗어나기 위하여

크고 악한 세상은 피하기만 한다고 이길 수 있는 것이 아니다. 소돔에서도 롯은 하나님의 은혜를 힘입어 세상의 악을 이겨낼 힘을 길러야 했다. 베드로는 롯에 대해 소돔에서 무법한 자들의 음란한 행실로 고통당했다고 평가한다. 하나님이 악한 소돔 사람과 다른 의로운 롯을 건지셨는데 롯이 소돔 사람들과 함께 살면서 그들의 불법한 행실을 보고 들어 그 의로운 심령이 상했다는 지적이다(벧전 2:6-8). 그런데 롯은 소돔이 악한 곳인줄 알면서도 풍요롭고 규모 큰 도시를 선택해서 갔다. 그렇다면 그에 대응하기 위한 영적 무장을 갖추어야 했다. 롯이 끝내 극복하지 못한 대도시 혐오증을 오늘 우리는 극복해야 한다.

"세상이 악하다"는 말을 입버릇처럼 되뇌지 말아야 한다. 롯은 어쩌면 혼자밖에 없어서 힘들었을 것이다. 교회와 직장선교회에서 훈련받아 악한 세상을 이겨낼 크리스천의 정체성을 확고히 세워야 한다. 세상의 악에 동화되지 않고 극복해내는 믿음의 내공이 필요하다.

"사랑과 은혜가 충만하신 하나님 아버지, 예수님은 우리를 세상에서 데려가시는 것이 아니라 악에 빠지지 않게 보전하시기를 위해 기도했습니다. 악한 세상과 맞서 이겨낼 믿음과 용기를 허락해주소서."

12 거짓말이 처세술인가?

　미국의 한 목회자가 길 잃은 강아지를 가운데 두고 빙 둘러서 있는 아이들을 보았다. 뭘 하고 있는지 묻자 거짓말을 하고 있다고 했다. 가장 거짓말을 그럴듯하게 하는 사람이 강아지를 데려가기로 했다고 말하는 것이 아닌가! 놀란 목사가 말했다.

　"그래? 그런데 내가 너희 또래였을 때는 말이다. 거짓말 같은 것은 전혀 생각도 못 했단다."

　그러자 아이들이 고개를 떨어뜨리며 실망하는 표정을 지었다. 한 아이가 고개를 들며 말했다.

　"목사님이 이 강아지를 데려가셔야 하겠군요!"

　애굽에 이어 그랄 땅에서도 거짓말하는 아브라함을 성경이 기록한다. "아브라함이 거기서 네게브 땅으로 옮겨가 가데스와 술 사이 그랄에 거류하며 그의 아내 사라를 자기 누이라 하였으므로 그랄 왕 아비멜렉이 사람을 보내어 사라를 데려갔더니 그 밤에 하나님이 아비멜렉에게 현몽하시고 그에게 이르시되 네가 데려간 이 여인으로 말미암아 네가 죽으리니 그는 남편이 있는 여자임이라. …아비멜렉이 아브라함을 불러서 그에게 이르되 네가 어찌하여 우리에게 이렇게 하느냐. 내가 무슨 죄를 네게 범하였기에 네가 나와 내 나라가 큰 죄에 빠질 뻔하게 하였느냐. 네가 합당하지 아니한 일을 내게 행하였도다 하고 아비멜렉이 또 아브라함에게 이르되 네가 무슨 뜻으로 이렇게 하였느냐. 아브라함이 이르되 이곳에서는 하나님을 두려워함이 없으니 내 아내로 말미암아 사람들이 나를 죽일까 생각하였음이요. 또 그는 정말로 나의 이복 누이로서 내 아내가 되었음이니라"(창 20:1-3,9-12).

아브라함, 거짓말을 반복하다.

아브라함이 아내를 누이라고 거짓말한 것은 이번이 처음이 아니었다. 전에 애굽에 내려갔을 때도 아내를 누이라고 거짓말했다. 애굽 왕 바로가 사라를 데려가 아내로 삼았는데 하나님이 바로의 집안에 큰 재앙을 내려 사라를 다시 데려올 수 있었다(창 12:10-20). 그때 충분히 교훈을 얻었는데도 아브라함이 이렇게 다시 같은 죄를 지었던 이유는 무엇일까? 인간은 죄를 반복적으로 지을 수 있다는 현실과 세상 속에서 살아가며 두려워하는 인간의 연약함을 확인할 수 있다.

그곳에는 하나님이 계시지 않는가?

아비멜렉이 추궁할 때 아브라함은 그들이 하나님을 두려워하지 않기에 목숨을 잃을까 두려워 거짓말을 했다고 말한다. 아니 하나님을 두려워하지 않는 사람들이 사는 세상에는 하나님이 계시지 않는다는 말인가? 아브라함의 거짓말 속에서 하나님의 능력을 신뢰하지 않는 불신앙을 엿볼 수 있다. 그러나 악한 세상에도 하나님은 분명하게 살아계시고 역사하신다. 우리의 일터에서도, 설령 사람들이 하나님을 인정하지 않더라도 하나님은 분명히 살아계신다.

어떤 변명도 무색하다.

아브라함은 또 한 번 변명했다. 실제로 자기 아내 사라는 본래 자신의 이복누이로 아내가 되었다고 말했다. 이 말을 들은 아비멜렉이 어떻게 생각했을까? '참 편하고 좋네! 오라비였다, 남편이었다, 만능 처세술이네! 내가 볼 땐 근친결혼일 뿐인데!' 악한 세상에는 하나님이 안 계신 것처럼 착각하던 아브라함처럼 거짓말하지 말아야 한다. 변명하지 말아야 한다. 잘못을 시인하고 다시는 그 죄를 범하지 말아야 한다.

험하고 악한 세상이 두려워 거짓말했던 아브라함의 심정에 공감한다. 거짓말하지 않고 문제를 해결할 수 있는 용기와 대안의 지혜가 필요하다. 실수했을 때 변명하는 대신 솔직하게 고백하고 자신의 잘못을 합리화하지 말아야 한다.

"세상 속에서 살아가게 하신 하나님, 저는 참으로 연약한 인간입니다. 같은 죄를 반복하면서도 처세를 잘한다고 착각합니다. 어리석은 죄인을 용서해주시고 거짓되지 않은 참된 지혜를 허락해주시기 원합니다. 손해를 보더라도 정당하게 대응하는 용기를 주소서."

13

하나님이 함께하시는 비즈니스

아브라함은 목초지의 갈등이 생겼을 때 롯에게 통 큰 양보를 했다. "네가 좌하면 나는 우하고 네가 우하면 나는 좌하리라." 그런데 비즈니스현장에서 양보만 할 수 있을까? 아브라함이 좀 다른 면모를 보여준다. 그랄 왕 아비멜렉과 밀고 당기기 시소게임을 하면서 결국 빼앗겼던 우물을 확보한다. 일하면서 크리스천이라고 해서 사람 좋고 물러터져 이른바 '호구'로 인식되면 곤란하다.

아브라함이 오늘 우리도 배우면 좋은 비즈니스 전략을 보여준다. "그때에 아비멜렉과 그 군대 장관 비골이 아브라함에게 말하여 이르되 네가 무슨 일을 하든지 하나님이 너와 함께 계시도다. 그런즉 너는 나와 내 아들과 내 손자에게 거짓되이 행하지 아니하기를 이제 여기서 하나님을 가리켜 내게 맹세하라. 내가 네게 후대한 대로 너도 나와 네가 머무는 이 땅에 행할 것이니라. 아브라함이 이르되 내가 맹세하리라 하고 아비멜렉의 종들이 아브라함의 우물을 빼앗은 일에 관하여 아브라함이 아비멜렉을 책망하매 아비멜렉이 이르되 누가 그리하였는지 내가 알지 못하노라. 너도 내게 알리지 아니하였고 나도 듣지 못하였더니 오늘에야 들었노라. 아브라함이 양과 소를 가져다가 아비멜렉에게 주고 두 사람이 서로 언약을 세우니라"(창 21:22-27).

하나님이 당신과 함께하신다.

일터에서 동료들에게 이런 칭찬을 들어본 적 있는가? "역시 하나님 믿는 사람은 뭔가 달라!" 그랄 왕 아비멜렉과 군대장관 비골이 아브라함을 찾아와 고백하듯이 이렇게 말했다. "네가 무슨 일을 하든지 하나님이 너와 함께 계시도다." 아브라함에게 "너는 복이 될지라"(창 12:2)고 하신 하나님의 언약을 이루어가는 과정이다. 그런데 곧이어 아비멜렉은 아브라함에게 자신과 아들, 손자에게까지 거짓되게 행동하지 않겠다고 하나님께 맹세하라고 했다. 전에 아브라함의 거짓말로 인해 생긴 일종의 트라우마였다. 아브라함이 아내를 누이라고 해서 아비멜렉은 큰 곤경을 겪은 적이 있어서 이제 거래하며 이렇게 요구하는 셈이다. "당신이 믿는 하나님 나오시라고 해!" 아브라함과 같은 사람이 많다면 하나님이 좀 바쁘실 것 같다! 아브라함은 잘못을 시인하여 거짓말하지 않겠다고 말했다.

생존권 확보를 위한 분명한 전략

아브라함은 곧바로 반격에 나서 아비멜렉의 종들이 아브라함의 우물을 빼앗은 일을 항의했다. 아비멜렉이 아브라함에게 "보기에 좋은 대로 거주하라"(창 20:15)고 한 계약에 대한 위반이었다. 그런데 아브라함은 계약을 다시 맺기 위해 양과 소를 주는 것으로 그치지 않고 일곱 마리 암양 새끼를 따로 주었다. 아브라함이 판 우물이라는 증거를 그렇게 확인하고 '브엘세바'(맹세의 우물)라고 이름 지었다. 조카 롯에게는 통 큰 양보를 했지만 아브라함이 이렇게 우물의 확보를 위해 노력했던 이유는 무엇일까? 우물은 유목을 위해서나 생존을 위해 없어서는 안 되었기 때문이다. 그래서 아브라함은 필사적이고 전략적으로 생존권을 확보했다. 아브라함은 그랄 땅에서 여러 날을 지냈고, 거기서도 영원하신 여호와의 이름을 부르며 예배했다(창 21:33-34).

아브라함이 겪었던 것처럼 치열한 비즈니스현장에서 하나님과 함께해야 한다. 아브라함처럼 잘못은 솔직하게 시인해야 한다. 하지만 중요한 일은 놓치지 않고, 절차와 결과를 확실하게 처리해서 무슨 일을 하든지 하나님이 함께하시는 사람이라고 평가받기 위해 노력해야 한다.

"일터현장에서 언제나 함께하시는 하나님, 세상에서 우리 크리스천들이 비난을 받기도 합니다. 제가 하나님을 욕되게 하지 않도록 인도해주소서. 꼭 해야 할 일에 서툴거나 안일해서 낭패를 보지 않도록 분명한 전략으로 최선을 다해 일하도록 도와주소서."

>>> 창세기 23:14-20

정당한 대가를 주고 땅을 사라

캐나다 원주민 대상으로 선교기업을 세워 사역하는 김진수 장로의 책 「선한 영향력」(선율 펴냄)에 나오는 이야기이다. 1992년에 설립한 회사가 이윤이 나면서 세금문제가 고심되었다. 당시 회사의 소득세 비율이 수익의 30% 이상이어서 큰 부담이었다. 세무사였던 친구는 수입을 전액 보고하지 않는 여러 가지 방법이 있다고 알려주었다. 하지만 '하나님의 방법으로 사업하는 것'에 대해 깊이 고민하며 목사님께 질문했다. 쉽잖은 고민을 들은 목사님은 아브라함의 이야기로 권면했다. 어떤 이야기였을까?

창세기 23장에는 아브라함이 땅을 산 이야기가 나온다. "에브론이 아브라함에게 대답하여 이르되 내 주여 내 말을 들으소서. 땅 값은 은 사백 세겔이나 그것이 나와 당신 사이에 무슨 문제가 되리이까. 당신의 죽은 자를 장사하소서. 아브라함이 에브론의 말을 따라 에브론이 헷 족속이 듣는 데서 말한 대로 상인이 통용하는 은 사백 세겔을 달아 에브론에게 주었더니 마므레 앞 막벨라에 있는 에브론의 밭 곧 그 밭과 거기에 속한 굴과 그 밭과 그 주위에 둘린 모든 나무가 성문에 들어온 모든 헷 족속이 보는 데서 아브라함의 소유로 확정된지라. 그 후에 아브라함이 그 아내 사라를 가나안 땅 마므레 앞 막벨라 밭 굴에 장사하였더라(마므레는 곧 헤브론이라). 이와 같이 그 밭과 거기에 속한 굴이 헷 족속으로부터 아브라함이 매장할 소유지로 확정되었더라"(창 23:14-20).

약속의 땅에 아내를 매장할 땅이 없다니

아내 사라가 세상을 떠나 슬퍼하던 아브라함이 헷 족속에게 가서 매장할 땅을 달라고 부탁했다. 그런데 아브라함이 머물던 헤브론은 하나님이 아브라함에게 약속하신 땅이었다. "네 자손은 사대 만에 이 땅으로 돌아오리니 이는 아모리 족속의 죄악이 아직 가득 차지 아니함이니라"(창 15:16). 하나님이 가나안 땅을 주신다는 약속을 받았지만 그 성취는 아직 350년쯤이나 남아 있었다.

정당한 대가를 주고 땅을 사라.

당시 아브라함은 외지인이었지만 부유한 목축업자였다. 헷 족속은 원하는 곳 어디라도 아브라함의 아내를 매장하라고 했다. 그런데 아브라함은 그러지 않았다. 에브론의 밭머리에 있는 막벨라 굴을 가지고 싶은데 무상으로 주겠다는 땅을 돈 주고 사겠다고 실랑이를 벌였다. 왜 그랬을까? 하나님께 약속받은 땅이니 시간이 지나면 자기 소유가 될 것인데 왜 돈을 주고 샀을까? 만약 정당하게 돈을 주고 땅을 사는 과정이 없었다면 아내와 자신의 무덤이 남아 있지 못했을 것이다. 사라뿐만 아니라 나중에 아브라함 자신도, 아들 이삭과 리브가 부부도, 손자 야곱과 레아 부부도 다 그곳 막벨라 굴에 묻혔다.

편법이 아닌 정공법으로 돌파하라.

결국 아브라함의 강권으로 에브론은 막벨라 굴의 땅값을 제시한다. 은 400세겔이었다. 4kg이 넘는 은은 무덤으로 쓸 굴과 밭이 딸린 땅 가격으로는 지나치게 높았다. 그런데 아브라함은 흥정도 하지 않고 지불했다. 헷 족속이 "듣는 데서 말한 대로"란 증인이 있었다는 뜻이다. "상인이 통용하는 은"(16절)은 법적 하자가 없이 다 지급하고 공증까지 마쳤다는 뜻이다. 김진수 장로님에게 질문을 받은 목사님은 아브라함이 땅을 산 이야기를 해주면서 이렇게 덧붙였다. "정당하게 세금을 내면서 축적한 부가 진정한 의미의 부가 아닐까요?"

목사님의 권면 이후 김진수 장로님은 탈세의 유혹에 빠지지 않았고, 납세 의무를 제대로 이행하면서도 물질적으로 얼마든지 부해질 수 있는 경험을 했다고 말한다. 생색은 다 내면서 실속 차리는 에브론과 같은 세상 앞에서 아브라함처럼 페어플레이할 수 있어야 하겠다.

"정당함과 정직함을 기뻐하시는 하나님, 당당하게 세상과 맞서 떳떳했던 아브라함에게 배울 수 있게 인도해주소서. 열정을 다해서 세상에 우리의 땅과 영역, 노하우와 지식을 확보하겠습니다. 그래서 이 땅에 임한 하나님 나라를 주님의 손에 올려드릴 수 있게 도와주소서."

>>> 창세기 24:12-14,24,27

출장을 위한 기도

아브라함의 명령으로 고향에 가서 주인의 아들 이삭의 배필을 구해 온 엘리에셀은 장기 출장을 다녀온 셈이다. 이 사람이 자신의 임무를 완수하기 위해 하나님께 한 기도는 '출장기도'라고 이름 붙일 만하다. 주인이 맡긴 일을 잘 감당하기 위해 하나님께 기도하며 구체적으로 임무를 완수한 출장기도를 확인해볼 수 있다.

창세기 24장에서 엘리에셀의 출장기도에 대해서 살펴볼 수 있다. "그가 이르되 우리 주인 아브라함의 하나님 여호와여 원하건대 오늘 나에게 순조롭게 만나게 하사 내 주인 아브라함에게 은혜를 베푸시옵소서. 성 중 사람의 딸들이 물 길으러 나오겠사오니 내가 우물곁에서 있다가 한 소녀에게 이르기를 청하건대 너는 물동이를 기울여 나로 마시게 하라 하리니 그의 대답이 마시라. 내가 당신의 낙타에게도 마시게 하리라 하면 그는 주께서 주의 종 이삭을 위하여 정하신 자라. 이로 말미암아 주께서 내 주인에게 은혜 베푸심을 내가 알겠나이다. …그 여자가 그에게 이르되 나는 밀가가 나홀에게서 낳은 아들 브두엘의 딸이니이다. …이르되 나의 주인 아브라함의 하나님 여호와를 찬송하나이다. 나의 주인에게 주의 사랑과 성실을 그치지 아니하셨사오며 여호와께서 길에서 나를 인도하사 내 주인의 동생 집에 이르게 하셨나이다 하니라"(창 24:12-14,24,27).

일을 위한 기도

직장의 업무를 위해 기도하는가? 특히 출장 업무를 위해 기도하는가? 아브라함이 아들 이삭의 배우자를 찾기 위해 고향으로 보낸 종은 자신이 해야 할 일이 무엇이고 얼마나 중요한지 잘 알고 있었다. 그래서 그는 자신이 해야 할 일을 위해 하나님께 간절히 기도했다. 이 기도에는 하나님이 그 모든 일의 과정을 인도하시기를 바라는 믿음이 담겨 있다.

"올바른 판단력을 주소서!"

아브라함의 종은 이삭의 배우자를 구할 때 여인의 행동을 보고 사람됨을 판단할 수 있다고 확신했다. 그가 보려는 것은 다름 아닌 아브라함 집안의 대표적 미덕인 손님에게 호의를 베푸는 행동이었다. 가나안 족속의 딸이 아니라 고향 땅의 여인을 며느리로 맞아들이려는 주인의 의도를 충분히 알고 있던 종은 이렇게 믿음 있는 여인을 찾으려고 했다. 올바른 판단이었고 하나님의 뜻과 일치했다.

하나님의 인도하심을 감사하고 찬양하다.

알고 보니 우물곁에서 엘리에셀이 만난 여인은 아브라함의 동생 나홀의 손녀이니 아브라함에게는 종손녀였다. 기도하면서 일한 종은 하나님께 업무 완수 감사기도를 올리고 있다. "나의 주인 아브라함의 하나님 여호와를 찬송하나이다. 나의 주인에게 주의 사랑과 성실을 그치지 아니하셨사오며 여호와께서 길에서 나를 인도하사 내주인의 동생 집에 이르게 하셨나이다." 우리도 기도로 하루의 일을 시작하고 감사의 기도로 일을 마치며 하나님의 인도하심을 받을 수 있다.

우리도 일을 위해 기도해야 한다. 결재서류에 손을 얹고 기도할수 있다. 하나님이 우리의 일에 개입하고 이끌어주심을 확신하며 기도해야 한다. 출장을 위해서도 아브라함의 늙은 종처럼 기도할 수 있다. 일을 위해 기도하며 우리의 일에 최선을 다해야 한다.

"일을 위한 기도, 출장을 위한 기도도 들으시는 하나님, 제가 할 일을 잘 파악하고 하나님께 맡기며 기도합니다. 주께서 일해주소서. 아브라함의 종을 본받게 하소서. 일과기도는 따로 떨어져 있지 않다는 사실을 깨달아 기도하고 일하게 도와주소서."

16 리브가의 물동이

샬롯 브론테의 소설 「제인 에어」에는 많은 감성적 연애소설의 주인공들과 달리 용기와 자립정신이 강한 여인이 묘사된다. 이런 구절이 있다. "인간에게 필요한 것은 행동이다. 그리고 만약 행동이 발견되지 않을 때 인간은 그것을 만들어낼 것이다." 우리 그리스도인의 믿음에도 행동이 참 중요하다. 행함이 없으면 죽은 믿음이라고 야고보가 강조한다. 예수님도 산상수훈의 결론에서 말씀을 듣고 행하는 사람이 지혜로운 사람이라고 강조하셨다.

리브가의 믿음이 반영된 행동에 관해 창세기 24장이 알려준다. "말을 마치기도 전에 리브가가 물동이를 어깨에 메고 나오니 그는 아브라함의 동생 나홀의 아내 밀가의 아들 브두엘의 소생이라. 그 소녀는 보기에 심히 아리땁고 지금까지 남자가 가까이하지 아니한 처녀더라. 그가 우물로 내려가서 물을 그 물동이에 채워 가지고 올라오는지라. 종이 마주 달려가서 이르되 청하건대 네 물동이의 물을 내게 조금 마시게 하라. 그가 이르되 내 주여 마시소서 하며 급히 그 물동이를 손에 내려 마시게 하고 마시게 하기를 다하고 이르되 당신의 낙타를 위하여서도 물을 길어 그것들도 배불리 마시게 하리이다 하고 급히 물동이의 물을 구유에 붓고 다시 길으려고 우물로 달려가서 모든 낙타를 위하여 긷는지라"(창 24:15-20).

과도한 친절이 아닌 생활신앙

리브가가 길손인 아브라함의 종에게 보인 친절은 생각하기에 따라서는 과도해 보인다. 마실 물을 기꺼이 내주는 것뿐만 아니라 오랜 여행을 하느라고 지친 낙타들의 배를 채울 정도로 많은 물을 길어주고 있다. 이런 과도한 친절을 통해 리브가의 생활신앙을 엿볼 수 있다. 물론 종조부 아브라함과 숙부 롯을 통해 볼 수 있었던 것같이 이런 친절은 당시의 전통이기도 했다. 또한 이 집안의 특별한 생활신앙이었다. 과도하리만치 친절을 베푸는 리브가의 행동을 묘사하는 단어들을 확인해볼 수 있다. '급히.' '급히.' '다시.' '달려가서.'

리브가의 물동이! 나는 무엇으로?

리브가가 여자의 몸으로 길손의 낙타들에게도 물을 길어 마시게 한 것은 대단한 일이었다. 리브가가 물을 길었던 우물은 아래쪽에 있어서 물을 길어 위로 올라와야 했다. 더구나 800km나 되는 긴 사막여행을 마친 낙타가 열 필이나 되었다. 사막을 횡단한 낙타는 보통 75~130ℓ의 물을 한꺼번에 마신다. 그러니 리브가는 급히 서둘러 물을 길었다. 낙타들을 배불리 마시게 하겠다면서 뛰어다니며 물동이로 물을 날랐다. 한 마리의 낙타가 백 리터쯤의 물을 마셨다면 1천 리터쯤 되는 물을 길어오기 위해 리브가는 아래쪽에 있는 우물에서 몇 번이나 물을 길어 왔을까? 우리의 신앙도 이렇게 적극적인 행동으로 나타나야 한다. 일터에서 궂은일을 앞장서서 한다면 우리가 크리스 천임을 알릴 좋은 기회가 될 것이다.

입만 살아 있는 크리스천이 아니라 행동하는 신앙인이 되어야 한 다. 특히 우리의 일터에서 우리는 낙타의 배를 불릴 '물동이'를 잘 활 용해야 한다. 땅끝까지 가서 복음을 전파해야 하는 주님의 명령을 먼 저 우리의 손끝에서 찾아야 하겠다.

"리브가의 물동이를 기뻐하신 하나님, 저마다 자신을 위주 로 생각하는 시대에 하나님의 사랑을 사람들에게 전하는 생활신앙인이 되게 도와주소서. 리브가와 같은 적극적인 자세로 살아가며 일하겠습니다. 저의 '물동이'로 사람들을 유익하게 할 수 있게 인도해주소서."

야곱이 잠이 깨어 이르되 여호와께서 과연 여기 계시거늘
내가 알지 못하였도다. 이에 두려워하여 이르되 두렵도다. 이곳이여 이것은
다름 아닌 하나님의 집이요 이는 하늘의 문이로다. 창 28:16-17

PART 3

크리스천답게
결국
성공하라

01
직업 간 갈등이 불러온 가정불화

'장자의 권리'를 사고파는 일은 오늘날의 상식으로는 잘 이해가 되지 않는다. 그런데 메소포타미아의 고대 도시 누지(Nuzi)를 발굴하던 고고학 탐사팀이 개인 사정으로 장자의 권한을 파는 기록을 발견했다. 장자권을 가진 투프키틸라가 자신의 동생 쿠르파자에게 양 세 마리를 받고 장자권을 팔았다. 고대 근동에서 장남은 형제들보다 두 배의 유산과 장자의 권리를 상속받았다. 구약 율법에서도 마찬가지였다.

이삭의 아들들 간의 장자권 매매와 갈등이 성경에도 나온다. "그 아이들이 장성하매 에서는 익숙한 사냥꾼이었으므로 들사람이 되고 야곱은 조용한 사람이었으므로 장막에 거주하니 이삭은 에서가 사냥한 고기를 좋아하므로 그를 사랑하고 리브가는 야곱을 사랑하였더라. 야곱이 죽을 쑤었더니 에서가 들에서 돌아와서 심히 피곤하여 야곱에게 이르되 내가 피곤하니 그 붉은 것을 내가 먹게 하라 한지라. 그러므로 에서의 별명은 에돔이더라. 야곱이 이르되 형의 장자의 명분을 오늘 내게 팔라. 에서가 이르되 내가 죽게 되었으니 이 장자의 명분이 내게 무엇이 유익하리요. 야곱이 이르되 오늘 내게 맹세하라. 에서가 맹세하고 장자의 명분을 야곱에게 판지라"(창 25:27-33).

의사소통이 잘 되던 부부였으나…

이삭과 리브가는 본래 의사소통이 잘되던 부부였다. 결혼 후 20년이 가깝도록 아이를 낳지 못했을 때 남편과 아내는 함께 그 어려움을 위해 기도했다. 그런데 성경에 기록된 내용을 토대로 추측해보면 쌍둥이 아이들이 태어난 후 이삭 부부의 의사소통에 문제가 생긴 듯하다. 안타깝게도 이 부부는 결국 그들이 초래한 불화로 인해 큰아들이 작은아들을 죽이려고 할 때가 되어서야 다시 의사소통을 하게 된다(창 27:46).

직업의 차이가 편애를 부르다.

직업이 가정불화의 원인이 되는 일도 있을까? 이삭의 가정이 그랬다. 왜 이삭과 리브가는 쌍둥이 아이들을 각각 편애했을까? 성경은 그것을 간단하게 말해준다. 이삭은 사냥꾼인 큰아들이 사냥한 고기를 좋아했다. 리브가는 집에 있으면서 가사를 도와주는 아들 야곱을 에서보다 더 사랑했다. 결국 자녀들의 '직업'으로 인해 이 가정에 편애가 생겼고, 그것이 비극을 낳았다.

직업은 차이 나도 차별하지 말라.

요리사인 야곱은 자기가 만든 팥죽으로 사냥꾼 에서의 식욕을 자극해 결국 장자권을 빼앗다시피 얻었다. 뒷날 야곱이 아버지의 축복을 가로챌 때도 어머니 리브가가 적극적으로 개입했던 것처럼 팥죽

사건에도 관여했을 듯하다. 이렇듯 직업에 대한 호불호로 인해 편애가 생기고 가족들이 불화한다면 큰일이 아닐 수 없다. 가인과 아벨 형제와 비슷하게 에서와 야곱 형제도 형제간 직업의 차이로 인한 갈등이 비극을 초래했다. 형제라도 하는 일이 다른 경우는 많다. 그 일의 차이를 차별하면 안 된다. 자신과 가정을 돌아보고 일과 관련해서 편애하거나 무시하며 차별하지 않아야 한다.

직업으로 인한 갈등은 비교의식 때문인 경우가 많다. 비교하다 보면 열등감과 시기심이 생긴다. 동생이나 배우자보다 연봉이 적다고 자존심이 상하지 말아야 한다. 직업으로 자녀를 편 가르지 않고 가족이 일하며 협력하고 시너지를 만들어낼 수 있게 노력할 수 있어야 한다.

"태초부터 일하시는 하나님, 하나님은 인류의 시작부터 틀리지 않으나 다른, 다양한 일을 하게 하셨습니다. 다양한 일들이 조화를 이루고 서로 돕는 관계가 되게 하여주소서. 직업의 차이가 갈등과 편애의 원인이 되지 않도록 인도해주소서."

02

이기심으로 사람들을
다치게 하지 말라

거짓말의 해악 중 하나는 공동체를 무너뜨리는 주범이라는 점이다. 떳떳이 말하기 힘든 곳에 있으면서 야근을 한다거나 일터 동료의 상가에 있다고 거짓말하는 순간 가정공동체는 흔들린다. 들키지 않으면 괜찮다고 생각해도 이미 가정공동체의 진실성이 깨졌다. 휴가를 내기 힘들다고 없는 집안일을 만들거나 애매한 숙부를 두 번 세상 떠나보낼 때 일터공동체의 신뢰관계는 무너져 내린다. 이스라엘 백성들이 여리고성을 점령할 때 아간 한 사람의 거짓된 행동으로 이스라엘 공동체가 큰 어려움을 겪었다.

또 한 번 거짓말에 대해, 이번에는 아브라함의 아들 이삭의 거짓말을 창세기 26장이 기록한다. "이삭이 그랄에 거주하였더니 그곳 사람들이 그의 아내에 대하여 물으매 그가 말하기를 그는 내 누이라 하였으니 리브가는 보기에 아리따우므로 그곳 백성이 리브가로 말미암아 자기를 죽일까 하여 그는 내 아내라 하기를 두려워함이었더라. 이삭이 거기 오래 거주하였더니 이삭이 그 아내 리브가를 껴안은 것을 블레셋 왕 아비멜렉이 창으로 내다본지라. 이에 아비멜렉이

이삭을 불러 이르되 그가 분명히 네 아내거늘 어찌 네 누이라 하였
느냐. 이삭이 그에게 대답하되 내 생각에 그로 말미암아 내가 죽게
될까 두려워하였음이로라. 아비멜렉이 이르되 네가 어찌 우리에게
이렇게 행하였느냐. 백성 중 하나가 네 아내와 동침할 뻔하였도다.
네가 죄를 우리에게 입혔으리라. 아비멜렉이 이에 모든 백성에게 명
하여 이르되 이 사람이나 그의 아내를 범하는 자는 죽이리라 하였더
라"(창 26:6-11).

이 집안의 거짓말 '가족력'?

이삭의 집안에는 일종의 '가족력'이 있었다. 아내를 팔아 목숨도
건지고 재물도 얻는 일거양득의 거짓말이었다. 아버지 아브라함 때
부터 아내를 누이라고 속여서 주변 사람들을 헷갈리게 했다. 아브라
함은 두 번이나 그런 전력이 있었다. 거짓말이 유전되지는 않았겠지
만 아마도 아버지가 자주 거짓말하는 모습을 보고 자란 이삭이 자연
스럽게 배웠을 듯하다. 이런 거짓말은 우리 직장인들이 일하면서도
자주 저지른다. 관행처럼 거리낌도 없이 하는 거짓말도 있다. 우리
자신을 돌아봐야 한다.

이방인의 뼈 있는 책망을 들으라.

이삭으로부터 황당한 일을 겪은 그랄 왕 아비멜렉은 점잖은 어조
로 이삭을 꾸짖었다. 만약에 블레셋 백성 중 하나가 리브가와 동침했
다면 큰 죄를 그 사람에게 입힐 뻔했다고 질책했다. 하나님을 믿는
사람이 목숨이 아까워 아내를 누이라고 거짓말하고 이렇게 이방인의
책망을 들었다. 얼마나 창피한 일인가? "네가 어찌 우리에게 이렇게

행하였느냐?(하나님을 믿는다면서?)" 이삭이 들었던 질책을 곱씹어 보면서 우리도 가만히 반성해보자. 아비멜렉의 지적대로 이기적인 거짓말로 인해 다른 사람에게 큰 피해를 줄 뻔한 점을 꼭 기억해야 한다. 거짓말은 그 자체로 끝나지 않고 해악이 꽤 깊고 넓게 영향을 미친다. 특히 공동체를 무너뜨리는 점이 심각하다. 이삭의 실패를 거울삼아 우리도 일하면서 거짓말과 거짓된 행동으로 인해 사람들에게 피해를 주지 않기 위해 노력해야 한다.

우리의 이기심으로 동료들에게 피해를 주는 경우가 있다. 자연스럽지만 사람들에게 불편을 주거나 위선적인 모습으로 보이는 행동을 잘 찾아서 고쳐야 한다. 용서를 구할 것은 용서를 구하며 우리가 속한 일터공동체의 유익을 추구해야 한다.

"거짓말하지 않으시고 후회가 없으신 하나님, 죄책감도 없이 거짓말하는 죄를 용서해주소서. 어쩔 수 없는 상황이었다고 변명해도 그에 대한 대가를 치르게 될 것을 깨닫게 하소서. 저의 실수로 동료들이 피해를 입지 않게 인도해주소서."

03

어디까지, 언제까지
양보해야 하나?

　따뜻하고 부드러움을 표현하는 성품, '온유'에 대해 아프리카의
몇 종족 사람들이 이렇게 표현한다. 서아프리카의 모레 족은 온유한
사람을 '그늘진 마음을 가진 자'라고 이해한다. 맹렬한 햇볕과 같지
않은 서늘한 상태를 말한다. 케냐의 킵시키 족은 '천천히 행동하는
사람'이라고 이해한다. 자기 이익을 추구하면 빠르지만 온유한 사람
은 자기의 이익에 관심이 적다는 뜻이다. 적도 부근의 카바라카 족은
온유한 사람을 '어린이의 마음 같은 사람'이라고 이해한다. 자기를
주장하지 않는 겸손한 어린이의 모습 때문이다.

　일터에서도 이런 온유한 사람 이삭을 만나볼 수 있다. 창세기 26
장에서 볼 수 있다. "이삭이 그 땅에서 농사하여 그 해에 백 배나 얻
었고 여호와께서 복을 주시므로 그 사람이 창대하고 왕성하여 마침내
거부가 되어 양과 소가 떼를 이루고 종이 심히 많으므로 블레셋 사람
이 그를 시기하여 그 아버지 아브라함 때에 그 아버지의 종들이 판 모
든 우물을 막고 흙으로 메웠더라. 아비멜렉이 이삭에게 이르되 네가
우리보다 크게 강성한즉 우리를 떠나라. …그랄 목자들이 이삭의 목

자와 다투어 이르되 이 물은 우리의 것이라 하매 이삭이 그 다툼으로 말미암아 그 우물 이름을 에섹이라 하였으며 또 다른 우물을 팠더니 그들이 또 다투므로 그 이름을 싯나라 하였으며 이삭이 거기서 옮겨 다른 우물을 팠더니 그들이 다투지 아니하였으므로 그 이름을 르호봇이라 하여 이르되 이제는 여호와께서 우리를 위하여 넓게 하셨으니 이 땅에서 우리가 번성하리로다 하였더라"(창 26:12-16,20-22).

파고 또 판다! 안 빼앗길 때까지

믿는 사람들은 세상에서 성공하지 못한다고 비난받고, 혹 성공하면 세상의 방식으로 성공했다고 비난받을 수도 있다. 이삭도 하나님의 복을 받아 농사에서 풍작을 거두고 부자가 되었지만 블레셋 땅 그랄 사람들이 시기해서 훼방했다. 자기 땅에 거주하던 외지인 이삭이 크게 번성하자 심술을 부리기 시작했다. 오래전 아브라함 때부터 계속 소유해오던 우물을 메우고 떠나라고 했다. 이삭은 골짜기로 옮겨가서 우물을 팠다. 그런데 그 우물을 또 빼앗겼다. 이삭은 우물의 이름을 '에섹'(다툼)이라고 지었다. 또 다른 우물을 파자 그랄 사람들이 또 빼앗아서 이삭은 우물의 이름을 '싯나'(대적함)라고 지었다. 사실 이런 이삭의 태도를 보면 대단히 온유한 성품이었을 것 같다. 비가 잘 오지 않는 땅에서 유목할 때 우물은 생존에 직결되는 중요한 자산이었다. 이삭은 언제까지 우물을 팠을까?

하나님이 번성하게 해주신다.

결국 해코지를 하던 블레셋 사람들이 끝없이 양보하고 인내하는 이삭에게 두 손 들었다. 세 번이나 빼앗긴 후 자리를 옮겨 판 우물을 그들이 더는 **빼앗지** 않았다. 이삭은 이 지루하고 긴 싸움을 마친 후 '르호봇'이라고 우물의 이름을 지었다. "여호와께서 우리를 위하여 넓게 하셨다"고 고백하며 하나님을 찬양했다. 일터에서 이익과 관련한 다툼이 생겼을 때, 쉽지 않지만 이렇게 이삭처럼 인내하며 양보하면 끝내 놀라운 열매를 얻을 수 있다.

우물을 계속 **빼앗**기던 이삭은 틀림없이 마음 아프고 괴로웠다. 쉽지 않은 싸움을 오래 감당하느라 힘들었다. 그런데 온유함으로 양보해 결국 상대가 굴복했다. 비즈니스현장에서도 참아내는 미덕을 발휘하면 결국 하나님이 영광받으시는 결과를 얻을 수 있다.

"우리를 위해 넓게 하시는 르호봇의 하나님, 일터에서 다툼이 생겼을 때 양보하는 미덕은 용기입니다. 온유함으로 참아내면 결국 승리하게 하시는 하나님의 법칙을 배울 수 있게 도와주소서."

>>> 창세기 26:26-33

04 크리스천다운 '결국 성공'

서비스 업종에 프랜차이즈 시스템이 있다. 일정 지역의 영업권을 주어서 시장 확대를 꾀하는 영업 방식이다. 자신의 서비스 노하우를 다른 사람들에게 보급하며 자신도 로열티를 받는 방식인데, 일단 자신에게 성공의 경험이 확실히 있어야 건전한 영업이 가능하다. 성경에서도 프랜차이즈의 단서를 이삭의 우물 다툼 사건에서 발견할 수 있다. 더구나 이삭의 경험은 세상에서 치열하게 비즈니스하는 크리스천에게 참다운 성공의 방법도 알려준다.

이삭의 프랜차이즈를 창세기 26장이 알려준다. "아비멜렉이 그 친구 아훗삿과 군대 장관 비골과 더불어 그랄에서부터 이삭에게로 온지라. 이삭이 그들에게 이르되 너희가 나를 미워하여 나에게 너희를 떠나게 하였거늘 어찌하여 내게 왔느냐. 그들이 이르되 여호와께서 너와 함께 계심을 우리가 분명히 보았으므로 우리의 사이 곧 우리와 너 사이에 맹세하여 너와 계약을 맺으리라 말하였노라. 너는 우리를 해하지 말라. 이는 우리가 너를 범하지 아니하고 선한 일만 네게 행하여 네가 평안히 가게 하였음이니라. 이제 너는 여호와께 복을 받은 자니라. 이삭이 그들을 위하여 잔치를 베풀매 그들이 먹고 마시고 아침에 일찍이 일어나 서로 맹세한 후에 이삭이 그들을 보내매 그들이 평안히 갔더라. 그날에 이삭의 종들이 자기들이 판 우물에 대하여 이삭에게 와서 알리어 이르되 우리가 물을 얻었나이다 하매 그가 그 이름을 세바라 한지라. 그러므로 그 성읍 이름이 오늘까지 브엘세바 더라"(창 26:26-33).

크리스천다운 비즈니스 성공 모델은?

우물 빼앗기 경쟁에 내몰렸던 이삭에게 비즈니스 성공의 사례를 발견할 수 있다. 그랄 땅에 머물던 이삭은 그 땅 사람들의 시기를 받아 우물을 빼앗겼다. 우물의 이름을 지으면서 분노했다. 에섹(다툼), 싯나(대적함)라고 지었던 우물의 이름에 이삭의 분노와 고통이 얼마나 컸는지 반영되어 있다. 결국 또 다른 곳으로 옮겨가서 우물을 파자 더는 그랄 사람들이 덤비지 않았다. 그 우물의 이름을 르호봇(충분히 넓음)이라고 지었다. 그러나 그들과 함께 있고 싶지 않아 30km 이상 떨어진 브엘세바로 이주했다.

결국 누가 성공했는가?

이 치열한 우물 싸움의 승자는 과연 누구인가? 남의 우물을 계속해서 빼앗은 그랄 사람들이 성공했는가? 아니면 땅을 파면 파는 대로 계속 수맥을 찾은 이삭의 사람들이 성공했는가? 남의 우물을 계속 빼앗은 사람들이 얻은 비즈니스 지식은 과연 무엇이었을까? 이삭에게는 에섹 모델, 싯나 모델, 르호봇 모델, 각각 다른 세 곳에서 수맥을 찾은 지식이 확보되었다. 그중 르호봇 모델은 일종의 '신기술'

이다. 그랄 사람들이 더는 빼앗지 않은 이유가 상생을 위한 배려였을 리가 없다. 멀리 떨어져 있거나 빼앗아 봐야 별로 소용도 없으니 빼앗기를 포기했다. 이삭은 물이 잘 나오지도 않고 혹시 물이 나와도 별로 쓸모가 없는 곳까지 쫓겨 가서도 수맥을 찾아내어 우물을 파는 신기술을 확보했다.

어디서나 성공하는 '이삭 프랜차이즈'

이삭은 브엘세바로 옮겨갔는데 그를 괴롭히던 그랄 왕이 찾아와서 화해를 청했고 평화조약을 맺었다. 그런데 바로 그날 이삭의 종들이 와서 보고했다. "우리가 물을 얻었나이다." 그곳 브엘세바에서도 우물 파는 일에 성공했다. 마치 성공이 습관처럼 반복되고 있지 않은가? 세상 속에서 살아가는 우리 크리스천은 이렇게 어려움을 겪는듯 하지만 결국 성공하게 됨을 이삭이 보여주고 있다.

1년을 돌아보면 이삭은 망한 것처럼 보인다. 그러나 10년 후, 20년 후에는 틀림없이 이삭은 성공한 사람으로 평가받을 수 있다. 이렇게 결국 성공해서 다른 사람들도 유익하게 할 수 있도록 우리도 노력해야 한다.

"하나님의 방법으로 성공하기를 기뻐하시는 하나님, 크리스천 직업인으로 살아가기 힘들 때가 있습니다. 빼앗기고 쫓겨 다녀도 전문성을 확보하기 위해 노력하겠습니다. 이삭이 보여준 '결국 성공'을 추구하는 믿음과 용기를 허락해주소서."

05 기회를 박차면 또 올까?

신약성경이 기록된 그리스어에는 '시간'이라는 뜻의 단어가 두 가지 있다. '크로노스'와 '카이로스'이다. 그리스 신화에 나오는 신들의 이름이다. 어떤 힘이 있어도 막을 수 없는 세월 그 자체를 의미하는 물리적 시간이 크로노스이다. 그러나 카이로스는 좀 독특하다. 그리스 신화에 나오는 카이로스는 앞머리가 무성하지만 뒷머리에는 머리카락이 없다. 기회란 쉽게 눈에 띄지 않지만 알아본 사람은 무성한 앞머리를 잡을 수 있다. 그런데 기회가 지나가면 뒷머리에는 잡을 만한 머리카락이 없다. 카이로스는 바로 이런 시간의 특징을 표현한다. 카이로스는 성경에서 하나님의 목적에 따라 지정된 특별한 시간을 말하고 '기회'라고 불린다. "세월을 아끼라"(엡 5:16)는 바울의 교훈은 그리스어로 '기회를 사라'는 뜻이다.

회개의 기회를 잃었던 야곱에 관해 창세기 27장이 기록한다. "야곱이 아버지에게 나아가서 내 아버지여 하고 부르니 이르되 내가 여기 있노라. 내 아들아 네가 누구냐. 야곱이 아버지에게 대답하되 나는 아버지의 맏아들 에서로소이다. 아버지께서 내게 명하신 대로 내가 하였사오니 원하건대 일어나 앉아서 내가 사냥한 고기를 잡수시고 아버지 마음껏 내게 축복하소서. 이삭이 그의 아들에게 이르되 내 아들아 네가 어떻게 이같이 속히 잡았느냐. 그가 이르되 아버지의 하나님 여호와께서 나로 순조롭게 만나게 하셨음이니이다. 이삭이 야곱에게 이르되 내 아들아 가까이 오라. 네가 과연 내 아들 에서인지 아닌지 내가 너를 만져보려 하노라"(창 27:18-21).

다시 오기 힘든 회개의 기회

제목에 넣지는 않았는데, 기회란 '회개'의 기회를 말한다. 우리가 살다 보면 기회를 놓치는 경우가 있는데 회개할 기회를 놓치면 매우 안타깝다. 야곱이 그런 경험을 했다. 장자의 축복을 가로채기 위해 형인 것처럼 꾸민 야곱에게 아버지 이삭이 이렇게 질문했다. "내 아들아, 네가 어떻게 이같이 속히 잡았느냐?" 아버지의 질문은 하나님이 야곱에게 주신 기회였다. 아버지 앞에 무릎 꿇고 회개할 기회였다.

기를 쓰고 빼앗지 않아도 되었다.

어머니 리브가의 태중에 있을 때부터 이미 하나님은 야곱이 더 강하고 섬김받는 자가 될 것이라고 약속하셨다(창 25:22-23). 그러니 기다리면 되었다. 무리수를 두고 거짓말을 하는 야곱은 회개의 기회를 박찼다. 아버지에게 이렇게 대답했다. "아버지의 하나님 여호와께서 나로 순조롭게 만나게 하셨음이니이다." 하나님의 이름을 들먹거리며 표정 하나 변하지 않고 거짓말하는 야곱을 보라. 결국 야곱은 이렇게 아버지를 속인 일로 인해 객지생활을 하고 어머니를 다시 만나지도 못했다.

회개의 기회를 박차지 말라.

특히 일하는 우리는 거짓말의 함정에 빠지기 쉽다. 궁지에 몰려 거짓말을 하고 의도적으로 적극적 거짓말과 거짓 행동을 하기도 한다. 그런데 야곱처럼 하나님의 이름을 들먹이면서 하는 거짓말은 하나님의 이름을 망령되게 부르지 말라는 3계명을 어긴 심각한 죄이기도 하다. 아버지 이삭이 두 번이나 정체를 밝히라고 야곱에게 질문했다. "내 아들아, 네가 누구냐?" "네가 참 내 아들 에서냐?" 기회가 왔을 때 박차지 말고 잘못을 고백하고 회개하는 사람에게 소망이 있다.

때로 우리도 거짓말이 들통나게 하는 송곳같이 예리한 말을 듣는 경우가 있다. 일터의 동료들을 통해서나 고객들을 통해서도 들을 수 있고 가족들을 통해서도 들을 수 있다. 그때 하나님이 주신 회개의 기회인 줄 깨달아 사과하고 용서를 구해야 한다.

"돌이키는 자를 용서하시는 하나님, 잘못을 추궁하시는 하나님의 음성을 잘 알아챌 수 있는 영적 민감함을 허락해주소서. 당황해서 한 번 더 거짓말하게 되면 영영 돌이키기 힘듭니다. 기회를 주실 때 눈 한 번 질끈 감고 과감하게 회개하는 용기를 주소서."

>>> 창세기 27:32-34,38-40

06

"남은 복 좀 없나요?"
참 딱하다!

'장자권 세일'이라고 할 수 있을까? 배고플 때 음식 한 그릇의 가치가 크긴 하지만 에서는 너무 경솔하게 장자권을 팔아버렸다. 에서의 경솔함을 비난하며 히브리서 기자는 '망령된 자'라고 말한다. 에서는 나중에 눈물을 흘리며 후회했지만 회개할 기회를 얻지 못했다 (히 12:16-17). 여기서 '망령된 자'라는 뜻은 이렇다. "거룩한 것을 인정하지 않고 물질적이고 감각적인 것만을 추구하는 자." 에서는 하나님이 주신 언약과 인생소명의 가치를 제대로 바라보지 못했다.

아버지 이삭에게 울며 매달리는 에서의 모습을 창세기 27장에서 볼 수 있다. "그의 아버지 이삭이 그에게 이르되 너는 누구냐. 그가 대답하되 나는 아버지의 아들 곧 아버지의 맏아들 에서로소이다. 이삭이 심히 크게 떨며 이르되 그러면 사냥한 고기를 내게 가져온 자가 누구냐. 네가 오기 전에 내가 다 먹고 그를 위하여 축복하였은즉 그가 반드시 복을 받을 것이니라. 에서가 그의 아버지의 말을 듣고 소리 질러 슬피 울며 아버지에게 이르되 내 아버지여 내게 축복하소서. 내게도 그리하소서. …에서가 아버지에게 이르되 내 아버지여 아버지가 빌 복이 이 하나 뿐이리이까. 내 아버지여 내게 축복하소서. 내게도 그리하소서 하고 소리를 높여 우니 그 아버지 이삭이 그에게 대답하여 이르되 네 주소는 땅의 기름짐에서 멀고 내리는 하늘 이슬에서 멀 것이며 너는 칼을 믿고 생활하겠고 네 아우를 섬길 것이며 네가 매임을 벗을 때에는 그 멍에를 네 목에서 떨쳐버리리라 하였더라"(창 27:32-34, 38-40).

황당한 일을 겪은 나는 억울하다.

에서가 장자의 축복에 대해 몰랐을 리는 없다. 팥죽 한 그릇에 장자의 권리를 팔면서도 결국 자기가 장자의 권리를 물려받으리라고 생각한 것 같다. 그런데 결국 동생 야곱에게 장자의 축복을 빼앗기고 나서 에서는 아버지에게 하소연했다. 사태를 파악하고 난 후 자기에게도 남은 복을 좀 달라고 호소했다.

"남은 축복이라도 저에게 좀 주세요!"

에서의 호소는 처절했다. "내 아버지여, 내게 축복하소서. 내게도 그리하소서." 소리 내어 울면서 에서는 또 이렇게 외쳤다. "아버지께서 빌 복을 남기지 아니하셨나이까?" 이미 야곱에게 장자의 축복을 다해서 소용없다는 말을 듣고서도 에서는 소리 높여 울며 말했다. "내 아버지여 아버지가 빌 복이 이 하나 뿐이리이까. 내 아버지여 내게 축복하소서 내게도 그리하소서." 이런 에서가 불쌍해 보이지 않는가? 자세히 성경을 살펴보니 에서가 참 딱하다는 생각이 들었다.

당신의 인생소명이 무엇인가?

그런데 장자의 축복을 가로챌 수 있다거나 그렇게 한 야곱이 잘했다는 이야기가 아니다. 만약 야곱이 그렇게 하지 않았어도 하나님은 이미 야곱에게 장자의 복을 주시고 족장으로 삼으려고 계획하셨다(창 25:23). 문제는 에서의 안타까운 태도이다. 에서를 가리켜 창세기 기자는 그가 장자의 명분을 가볍게 여겼다고 지적한다(창 25:34). 결국 에서는 하나님이 할아버지 아브라함부터 시작하여 아버지 이삭을 통해 전해주신 언약과 소명의 중요성을 무시했다. 에서는 들로 나가 사냥을 즐기고 이방 여인들과 사귀느라 하나님의 언약에 관심이 없었다. 이런 실수를 우리가 반복해서는 안 된다.

에서처럼 망령된 자가 되지 않아야 한다. 물질적이고 눈에 보이는 것만 중요하게 여겨 거룩하고 가치 있는 하나님의 약속에 둔감하면 안 된다. 하나님과 언약을 맺은 사람답게 하나님이 주신 인생소명을 귀하게 여기며 살아가야 한다.

 "야곱이 언약을 이어가도록 선택하신 하나님, 저에게도 선택하게 하십니다. 하나님이 주신 은혜와 저에게 주신 소명을 늘 기억하며 살아가게 인도해주소서. 세상과 일터에서 하나님이 주신 인생의 가치를 좇아 남다르게 살아가도록 함께하여주소서."

07

탐욕을 미화하지 말라

주일 아침에 엄마가 주일학교에 가는 아이에게 동전 두 개를 주었다. 하나는 헌금이고 하나는 먹고 싶은 것을 사 먹으라고 했다. 혹시 동전 하나만 주면 교회에 가다가 군것질 유혹을 받아서 헌금으로 사 먹을까 봐 염려했기 때문이다. 신나게 교회로 달려가던 아이가 그만 돌부리에 걸려 넘어져 손에 든 동전을 떨어뜨렸다. 동전 하나는 하수구 속으로 굴러 들어갔다. 아이가 바닥에 떨어진 동전 하나를 집으며 말한다. "아이참, 헌금할 동전이 하수구로 들어가 버렸네!"

자식을 향한 부모의 욕심에 관해 창세기 27장이 말해준다. "그의 아버지가 야곱에게 축복한 그 축복으로 말미암아 에서가 야곱을 미워하여 심중에 이르기를 아버지를 곡할 때가 가까웠은즉 내가 내 아우 야곱을 죽이리라 하였더니 맏아들 에서의 이 말이 리브가에게 들리매 이에 사람을 보내어 작은아들 야곱을 불러 그에게 이르되 네 형 에서가 너를 죽여 그 한을 풀려 하니 내 아들아 내 말을 따라 일어나 하란으로 가서 내 오라버니 라반에게로 피신하여 네 형의 노가 풀리기까지 몇 날 동안 그와 함께 거주하라. 네 형의 분노가 풀려 네가 자기에게 행한 것을 잊어버리거든 내가 곧 사람을 보내어 너를 거기서 불러오리라. 어찌 하루에 너희 둘을 잃으랴"(창 27:41-45).

"어찌 하루에 너희 둘을 잃으랴?"

인생을 살아가다 보면 때로 우리의 탐욕으로 인해 어려움을 겪을 때가 있다. 이삭이 장자인 에서를 축복하려고 할 때 리브가는 그 복을 가로챘다. 야곱이 대신 축복을 받도록 치밀하게 계획하고 실행했다. 부작용이 생겨 큰아들 에서의 원한을 산 야곱의 죽음을 염려했다. 그래서 야곱을 외가로 보내며 한탄한다. "어찌 하루에 너희 둘을 잃으랴?"

당신의 탐욕을 미화하지 말라.

리브가의 이 한탄 속에는 고민이 담겨 있지만 자신의 탐욕도 반영되었다. 단절된 부부관계도 함축되어 있다. 리브가는 큰아들 에서가 동생 야곱을 섬기게 될 것을 이미 남편과 함께 들어서 알고 있었다(창 25:23). 그런데도 리브가는 야곱과 함께 남편을 속여야 했을까? 눈이 어두운 남편의 축복을 가로채야만 했을까? 그것이 하나님의 뜻은 결코 아니었다. 리브가는 욕심에 휘둘렸다. 편애하는 아들 야곱이 어떻게 하든 장자의 권리를 확보하게 하고 싶었다.

소명의 삶을 살아가라.

오늘 우리에게도 이런 일이 일어날 수 있다. 리브가를 보고 경계로 삼아야 하겠다. 야곱이 밧단아람으로 도망가 20년이 지난 후 돌아왔을 때 이미 리브가는 세상을 떠났다. 세상 떠나기 전에 실컷 축복하겠다던 아버지 이삭은 20년이나 생존했으나 어머니 리브가는 이미 세상을 떠났다. 리브가는 야곱을 '몇 날 동안'만 만나지 못할 것으로 기대했지만 아들을 다시는 만나지 못했다. 그 많은 손자 손녀도 못 봤다. 우리도 하나님의 말씀에 집중하며 욕심부리지 않고 하루하루 최선을 다해야 한다. 그렇게 우리에게 주신 소명을 이루어가야 한다.

하나님이 우리에게 주신 인생소명은 야망이 아니다. 한 풀기도 아니다. 자기 생각과 고집으로 인생을 마음대로 재단하지 말아야 한다. 하나님의 뜻을 늘 찾으며 부르심에 부응하는 소명의 실천자가 되도록 노력해야 한다.

"전능하신 하나님, 하나님의 뜻을 알고 말씀대로, 정당한 방법으로 노력하는 인생을 살아가게 인도해주소서. 하나님의 뜻이 아닌 세상의 편법에 관심 가지거나 불의한 방법으로 무엇을 이루려 하지 않도록 도와주소서."

>>> 창세기 28:10-15

08

도망자의 꿈 : 사닥다리

한 남자가 집안에서 물의를 일으켜 형의 분노를 유발해서 외가로 피신하고 있었다. 바로 야곱이다. 야곱은 자신의 방법으로 무언가 쟁취하려고 무던히 애쓴 사람이었는데 루스라는 곳의 들에서 처량하게 누워 잠자고 있었다. 과연 이 사람 야곱에게 어떤 일이 있었는가. 야곱이 이름을 새롭게 붙여서 이후 이스라엘 역사에서도 중요한 곳이 된 땅, 벧엘로 함께 가볼 수 있다.

야곱이 형의 분노를 피해 도망가며 하룻밤 머물렀던 벧엘의 경험을 확인해볼 수 있다. "야곱이 브엘세바에서 떠나 하란으로 향하여 가더니 한 곳에 이르러는 해가 진지라. 거기서 유숙하려고 그곳의 한 돌을 가져다가 베개로 삼고 거기 누워 자더니 꿈에 본즉 사닥다리가 땅 위에 서 있는데 그 꼭대기가 하늘에 닿았고 또 본즉 하나님의 사자들이 그 위에서 오르락내리락하고 또 본즉 여호와께서 그 위에 서서 이르시되 나는 여호와니 너의 조부 아브라함의 하나님이요 이삭의 하나님이라. 네가 누워있는 땅을 내가 너와 네 자손에게 주리니 네 자손이 땅의 티끌같이 되어 네가 서쪽과 동쪽과 북쪽과 남쪽으로 퍼져 나갈지며 땅의 모든 족속이 너와 네 자손으로 말미암아 복을 받으리라. 내가 너와 함께 있어 네가 어디로 가든지 너를 지키며 너를 이끌어 이 땅으로 돌아오게 할지라. 내가 네게 허락한 것을 다 이루기까지 너를 떠나지 아니하리라 하신지라"(창 28:10-15).

도망자 야곱의 꿈

당시 야곱이 살던 브엘세바에서 하란까지의 거리는 800km가 넘었다. 한 사흘쯤 지난 날 밤에 외투를 감싸고 돌 하나를 베개 삼아 노숙하던 야곱이 인상적인 꿈을 꾸었다(12-15절). 반복되는 단어가 있다. '본즉'이다. 이것은 감탄사로 "와, 보라!"라는 의미이다. 세 번 강조하며 "보라!"고 감탄하고 있다. 먼저 사닥다리를 보았다. 땅 위에 서 있는데 이 사닥다리가 하늘에까지 닿아 있다. 다음으로 사닥다리에서 천사들이 오르락내리락했다. 그 장면 후에 사닥다리의 꼭대기에서 말씀하시는 분이 계셨다. 바로 하나님이셨다.

"땅의 모든 족속이 너와 네 자손으로 말미암아 복을 받으리라."

하나님이 사닥다리 위에서 말씀하신 내용(13-15절)은 아브라함에게 주신 인생소명과 비슷했다. 아브라함과 이삭의 하나님이라고 하시고는 네가 누워 있는 땅을 너와 네 자손에게 주겠다고 하신다. 땅의 티끌같이 많아져 모든 족속이 너와 네 자손으로 인해 복을 받을 것이라고 하셨다. 아브라함과 언약하신 하나님이 이삭을 뒤이어 야곱에게 언약을 이어가셨다.

"내가 너를 떠나지 아니하리라."

도망자 야곱에게 이보다 위로가 되는 하나님의 말씀이 어디 있었을까? "너를 떠나지 아니하리라." 자기 힘으로 장자권을 쟁취하려고 무모한 객기를 부리던 야곱에게 하나님이 먼저 찾아오셨다. 그것도 도망자의 고단한 길 한 달 후가 아니라 떠난 지 한 사흘 지난 여행 초기에 찾아와주셨다. 아직도 형의 추격이 두렵고 홀로 먼 길을 도망가야 하는 것이 괴로운 때, 바로 그 어려운 순간에 하나님이 찾아오셨다. 야곱은 하나님의 말씀에 힘입어 하란까지 가는 길고 두려운 여정을 견딜 수 있었을 것이다.

허둥대며 길을 서두르는 야곱처럼 어디론가 도망하고 있는가? 야곱처럼 사닥다리를 보아야 한다. 어떻게든 매달려 기어올라야 하는 성공의 사닥다리가 아니다. 사닥다리의 꼭대기에 계시는 하나님이 하시는 말씀을 잘 들어야 한다.

 "야곱의 사닥다리에서 말씀하신 하나님, '너를 떠나지 아니하리라. 내가 네게 허락한 것을 다 이루기까지 너를 떠나지 아니하리라'고 약속하신 말씀을 저에게도 주소서. 하나님의 말씀을 의지하며 오늘도 험한 세상을 살아나갈 힘을 얻게 도와주소서."

09 여호와께서 여기에도 계시다니…

"하녀가 요리와 청소를 하고 집안일을 할 때 하나님의 명령으로 그 일을 한다면 그런 하찮은 일도 수도사들과 수녀들이 행하는 성령과 금욕의 일을 압도하는 섬김과 봉사의 일로 칭찬받아야 한다." 종교개혁자 마틴 루터의 이 말은 성속이원론의 장벽을 제거했다. "세상에 하나님을 섬기는 일이 아닌 것이 없고 교회뿐 아니라 집, 부엌, 광, 작업장, 논밭까지도 하나님을 섬기는 장소가 될 수 있다." 루터는 교회만이 아니라 일상의 장소에서도 하나님을 섬기는 일상의 예배를 강조했다.

야곱이 벧엘에서 잠을 깬 후 평소에 느끼지 못했던 중요한 사실 하나를 발견한다. "야곱이 잠이 깨어 이르되 여호와께서 과연 여기 계시거늘 내가 알지 못하였도다. 이에 두려워하여 이르되 두렵도다. 이곳이여 이것은 다름 아닌 하나님의 집이요 이는 하늘의 문이로다 하고 야곱이 아침에 일찍이 일어나 베개로 삼았던 돌을 가져다가 기둥으로 세우고 그 위에 기름을 붓고 그곳 이름을 벧엘이라 하였더라. 이 성의 옛 이름은 루스더라"(창 28:16-19).

"여호와께서 여기에도 계시는구나!"

꿈에서 하늘에 닿은 사닥다리를 보고 하나님의 말씀을 들은 야곱이 잠에서 깨어난 후 놀랐다. 이렇게 말한다. "여호와께서 과연 여기 계시거늘 내가 알지 못하였도다!"(16절). 놀라운 깨달음이었다. 야곱은 하나님이 도망자의 노숙 장소에도 찾아와 주신다는 사실을 깨달았다. 전에 미처 생각하지 못했는데 이런 놀라운 은혜를 입고 경탄을 표현한 것이다. '여호와께서 과연 여기에도 계시는구나!'

"하나님의 집이요 하늘의 문이로다!"

그런데 그곳은 들판이었다. 광야 땅이었다. 야곱이 지난밤 잠들었던 곳이다. 그곳에는 종교적인 건물은 물론 어떤 종교적 표현을 하는 장식도 없었다. 그런데 그곳에서 자다가 야곱이 하나님을 뵙고 그분의 음성을 들었을 때 그 장소가 변했다. 야곱은 그곳이 하나님이 계신 하나님의 집이고 하나님과 소통하고 교류하는 하늘의 문이라고 고백했다. 그래서 야곱은 '루스'라는 지명을 '벧엘'(하나님의 집)로 바꾸어 불렀다. 이렇게 하나님의 집이나 거룩한 땅은 특별히 종교적으로 구별되고 제한된 곳만을 의미하지 않는다. 우리가 일하는 일터가 바로 그런 거룩한 땅, 하나님의 집이 된다. 집에서 가족들과 함께 생활할 때 우리 집이 거룩한 곳이다. 우리가 일하고 살아가고 머무는 어떤 곳도 그곳에서 하나님의 임재하심을 실감한다면 그곳이 하나님의 집이 된다.

당신의 예배를 일상으로 확대하라.

우리는 예배드리는 장소를 교회로 제한해서는 안 된다. 하나님이 우리와 함께하시는 곳, 그곳이 바로 예배의 장소이다. 우리의 집과 일터, 출퇴근 길, 우리가 사람들을 만나는 곳, 그곳이 바로 일상의 예배 장소이다. 교회에 모여 드리는 예배가 의미 없다는 뜻이 아니다. 우리 삶의 예배도 교회의 예배만큼 중요하다는 뜻이다. "여호와께서 과연 여기 계시거늘 내가 알지 못하였도다." 야곱의 감탄이 우리의 고백이 될 수 있다. 우리가 살아가는 모든 곳, 그곳이 바로 하나님이 계시는 곳이다.

돌베개를 세워 하나님께 예배한 야곱처럼 우리도 일상의 예배를 드려야 한다. 일하는 현장, 일터를 하나님의 집으로 삼을 수 있다. 교회에서 만난 하나님을 다시 뵈러 가는 것만이 아니라 여전히 우리와 함께 계시는 하나님과 동행하며 삶의 예배를 드릴 수 있다.

"세상 어디에나 계신 하나님, 제가 일하는 곳, 살아가는 삶의 현장 어디에서나 하나님을 보고 느끼며 살기 원합니다. 거룩하신 하나님께 영과 진리로 예배드리듯이 제가 일하고 살아가는 모든 삶을 예배드리듯 살아가게 인도해주소서."

>>> 창세기 28:18-22

10 야곱 사다리의 복음
: 인자 위에 오르락내리락

필립 닷드리지(Philip Doddridge)의 찬송시가 벧엘의 하나님을
찬송한다.

오 벧엘의 하나님,
당신의 오른손으로 지금도 당신의 백성을 먹이시고
고난의 순례의 길에서 우리의 선조들을 이끌어주셨네.
이제 우리는 당신의 은혜의 보좌 앞에 우리의 맹세,
우리의 기도를 바칩니다.
우리 선조들의 하나님, 그들의 후손들의 하나님이 되시네.
인생의 길에서 어찌할 바를 몰라 방황하는
우리의 걸음을 인도하시네.
우리에게 일용할 양식과 입을 옷을 주소서.
오, 당신의 엄호하는 날개를 활짝 펴소서.
우리의 방황이 끝날 때까지 우리 아버지의 사랑하는 품에 거하여
우리의 영혼이 평강에 이를 때까지.
(고든 웬함 지음, WBC 주석 「창세기 16-50」, 솔로몬 펴냄, 2006, 413-414쪽)

벧엘에서 하룻밤 잠들었다가 깨어난 야곱이 하나님께 서원한다. "야곱이 아침에 일찍이 일어나 베개로 삼았던 돌을 가져다가 기둥으로 세우고 그 위에 기름을 붓고 그곳 이름을 벧엘이라 하였더라. 이 성의 옛 이름은 루스더라. 야곱이 서원하여 이르되 하나님이 나와 함께 계셔서 내가 가는 이 길에서 나를 지키시고 먹을 떡과 입을 옷을 주시어 내가 평안히 아버지 집으로 돌아가게 하시오면 여호와께서 나의 하나님이 되실 것이요 내가 기둥으로 세운 이 돌이 하나님의 집이 될 것이요 하나님께서 내게 주신 모든 것에서 십분의 일을 내가 반드시 하나님께 드리겠나이다 하였더라"(창 28:18-22).

야곱, 평생의 헌신을 다짐하다.

하나님이 친히 임재하시고 언약으로 확신을 주실 때 야곱이 하나님께 서원했다. 하나님이 말씀하신 대로 해주시면 여호와께서 자신의 하나님이 되신다고 했고, 베개로 베고 잔 그 돌, 기둥으로 세운 돌이 하나님의 집이 될 것이라고 했다. 야곱이 가진 것 중 값나가는 것이었을 기름을 부어 헌신을 표현했다. 또한 하나님이 주시는 모든 것에서 십분의 일을 드리겠다고 서원했다. 자신의 모든 것이 하나님에게서 왔다는 믿음의 고백이다. 평생 하나님께 헌신하겠다는 다짐이었다.

여호와께서 나의 하나님이 되실 것!

이제까지 야곱에게 하나님은 할아버지 아브라함의 하나님이고 아버지 이삭의 하나님이었다(13절). 그런데 꿈속에서 야곱이 하나님의 음성을 직접 듣고 난 후에 하나님은 야곱 자신의 하나님이 되셨다. 그의 고백 속에 "여호와께서 나의 하나님이 되실 것"(21절)이라는 표현을 통해 야곱의 변화된 믿음을 볼 수 있다.

예수님의 사닥다리

이런 야곱의 경험은 예수님에게 연결된다. 예수님이 공생애 사역을 시작할 때 야곱이 꾸었던 꿈을 말씀하셨다(요 1:51). "하늘이 열리고 하나님의 사자들이 인자 위에 오르락내리락하는 것을 보리라." 야곱의 사닥다리에는 아래쪽에 야곱이 있었다. 예수님의 말씀은 야곱이 있던 자리에 인자(人子), 즉 예수님이 있게 되는 것을 말한다. 예수님이 야곱의 자리를 대신하여 어떤 일을 하시는가? 땅과 후손을 주시고 세상의 복이 되게 하는 언약을 이루신다. 하나님이 나의 하나님이 되시고 벧엘에 세운 돌이 하나님의 집이 될 것이라는 야곱의 고백이 예수님의 십자가 구속사역을 통해 이루어졌다. 우리도 오늘 예수님 위에서 하늘에 닿은 사닥다리를 바라보며 하나님이 우리에게 주신 인생소명을 기억해야 한다.

도망자 야곱이 벧엘에서 하나님을 만나고 난 이후 많은 변화를 체험한다. 하나님을 믿는 사람에게는 이런 체험과 이런 변화가 필수적이다. 일상에서 거룩하게 하시는 하나님을 체험할 때 우리는 야곱이 겪었던 변화를 체험할 수 있다.

 "야곱의 하나님, 오늘도 사닥다리와 천사들과 하나님을 보라고 하십니다. 일상의 예배를 드리고 일생의 헌신을 다하게 도와주소서. 예수님의 십자가 사역을 통해 세상이 하나님의 복으로 충만하게 하소서. 우리의 일터가 벧엘이 되게 하소서."

하나님이 야곱에게 이르시되…

"야, 그 사람은 정말 착한 사람이야. 본래 심성이 고와. 그러니 비즈니스에는 안 어울려!" 이런 평가를 받는 사람들이 있다. "그 사람이 절대 손해 볼 리가 없어. 호락호락한 사람이 아냐. 타고난 장사꾼이야!" 야곱은 오히려 이런 사람이었다. 묘한 매력을 가졌지만 존경하고 싶지는 않은 사람이다. 그런데 야곱이 오늘 세상을 살아가는 우리 직업인에게 참 친숙한 인물인 것은 사실이다. 이런 야곱의 생애에 대한 기록에서 반복되는 특별한 묘사가 있다.

하나님이 직접 야곱에게 말씀하신 내용이 아브라함과 이삭보다 더 자주 기록되었다. "꿈에 본즉 사닥다리가 땅 위에 서 있는데 그 꼭대기가 하늘에 닿았고 또 본즉 하나님의 사자들이 그 위에서 오르락내리락하고 또 본즉 여호와께서 그 위에 서서 이르시되 나는 여호와니 너의 조부 아브라함의 하나님이요 이삭의 하나님이라. 네가 누워 있는 땅을 내가 너와 네 자손에게 주리니 네 자손이 땅의 티끌같이 되어 네가 서쪽과 동쪽과 북쪽과 남쪽으로 퍼져 나갈지며 땅의 모든 족속이 너와 네 자손으로 말미암아 복을 받으리라"(창 28:12-14).

고향을 떠날 때, 돌아올 때 하나님이 이르시되

야곱은 형을 피해 외가로 도망가던 중 벧엘에서 꿈을 꾸었고 하나님이 떠나지 않겠다고 약속하셨다. 외삼촌 집에서 20년을 지냈을 때도 하나님이 야곱에게 말씀하셨다. "네 조상의 땅 네 족속에게로 돌아가라. 내가 너와 함께 있으리라"(창 31:3). 하나님이 직접 말씀해주셨다. 사촌들이 눈치 주고 뒷말하는 것이 마음에 부담스러워서 쫓겨 간 것이 아니라 하나님이 야곱에게 돌아가라고, 지금이 그때라고 말씀하셨다.

귀향길에서도 하나님이 이르시되

고향으로 돌아가는 야곱에게 하나님은 세 번이나 더 나타나 말씀해주셨다. 형 에서를 만나기 전에 얍복 강가에서 어떤 사람과 밤새 씨름을 하게 되었는데 나중에 야곱은 하나님을 뵈었다고 고백한다(창 32:30). 야곱의 딸 디나가 험한 일을 당하고 아들들이 참극을 벌여 복수했을 때도 하나님이 야곱에게 벧엘로 올라가서 제단을 쌓으라고 말씀하셨다(창 35:1). 야곱이 밧단아람에서 고향으로 돌아왔을 때 하나님이 다시 야곱에게 나타나서 복을 주시겠다는 소명을 한 번 더 확인해주셨다(창 35:9-12). 야곱에게 나타나서 하나님이 말씀하신 후의 상황을 이렇게 기록한다. "하나님이 그와 말씀하시던 곳에서 그를 떠나 올라가시는지라"(창 35:13).

애굽으로 이주할 때도 하나님이 이르시되

또 한 번 야곱이 중요한 결정을 해서 먼 곳으로 떠나야 할 때 하나님은 말씀해주셨다. 죽은 줄 알았던 아들 요셉이 살아 있고 애굽으로 초청하자 일종의 이민을 떠나게 되었다. 온 가족이 애굽으로 삶의 터전을 옮기는 대이동이었다. 야곱이 선친 이삭과 조부 아브라함이 살고 활동하던 브엘세바에 도착했다. 팔레스타인 땅을 떠나는 국경 부근이다. 그날 밤에 하나님이 환상 속에서 야곱을 부르시고 말씀하셨다. 두려워 말고 애굽으로 가라고 하시고, 반드시 다시 올라오게 할 것이고, 야곱이 애굽에서 죽게 되지만 요셉이 눈을 감겨줄 것이라고 말씀하셨다(창 46:1-4).

야곱에게 꼭 필요한 때 말씀해주신 것처럼 오늘 우리에게도 하나님이 말씀해주신다. 야곱과 같은 방법은 아니라도 우리가 하나님의 말씀에 집중하면 하나님이 우리에게도 말씀하시고 우리 인생을 이끌어주실 것이다. 하나님의 인도하심이 필요할 때 더욱 말씀에 집중해야 한다.

 "중요한 순간마다 야곱에게 말씀해주신 하나님, 두려워하지 말라고 언약으로 확신을 주셨습니다. 저도 인생의 전환기에, 어려울 때, 가이드가 필요한 때에 주님의 말씀에 귀를 기울이겠습니다. 저의 인생도 주님이 친히 이끌어주소서."

>>> 창세기 28:16-19

하나님의 이름을 기념하라

오늘 우리가 똑같이 경험하기는 힘든데 야곱에게는 하나님이 직접 말씀해주신 때가 많았다. 만약 야곱처럼 하나님의 말씀을 듣는 경험을 한다면 우리는 어떤 반응을 할까? 인증샷을 남기거나 녹음이라도 하려고 할까? 하나님의 음성을 들은 야곱이 보인 반응도 비슷하다고 본다. 오늘 우리 식으로 말하면 예배를 드려 기념했다. 야곱의 반응은 자신의 믿음을 표현한 것이다. 하나님이 말씀하신 그 장소에 이름을 지어 기념했다.

야곱은 하나님을 만난 곳 벧엘에서 특별한 이름을 지어 기념했다. "야곱이 잠이 깨어 이르되 여호와께서 과연 여기 계시거늘 내가 알지 못하였도다. 이에 두려워하여 이르되 두렵도다. 이곳이여 이것은 다름 아닌 하나님의 집이요 이는 하늘의 문이로다 하고 야곱이 아침에 일찍이 일어나 베개로 삼았던 돌을 가져다가 기둥으로 세우고 그 위에 기름을 붓고 그곳 이름을 벧엘이라 하였더라. 이 성의 옛 이름은 루스더라"(창 28:16-19).

그곳 이름을 벧엘이라 하였더라.

사닥다리 위에서 말씀하시는 하나님을 꿈에서 만난 후 깨어난 야곱은 베개로 삼았던 돌을 세웠다. 돌 위에 기름을 부으며 하나님께 예배하고 기념했다. 그곳 이름을 벧엘이라고 이름 붙였다. '하나님의 집'이라는 뜻이다. 다시 고향으로 돌아가게 하시면 여호와께서 자신의 하나님이 되실 것이라고 고백했다. 기둥으로 세운 돌이 하나님의 집이 될 것이고 주신 모든 것에서 십 분의 일을 반드시 하나님께 드리겠다고 헌신을 약속했다.

제단을 쌓고 엘엘로헤이스라엘이라 불렀더라.

20년의 객지생활을 마치고 돌아오면서 야곱은 세겜에 와서 제단을 쌓고 그 이름을 '엘엘로헤이스라엘'이라고 불렀다(창 33:18-20). '하나님, 이스라엘의 하나님'이라는 뜻이다. 또 전에 고향을 떠나며 들렀던 벧엘에 이르러 제단을 쌓고 그곳을 '엘벧엘'이라고 이름 붙였다(창 35:6-7). '벧엘의 하나님'이라는 뜻이다. 전에 이름 붙인 벧엘에서 한 번 더 하나님을 기념해 엘벧엘이라고 두 번째 이름을 지었다. 이렇게 야곱은 하나님께 믿음과 헌신을 다시금 다짐했다. 하나님이 거기서 다시 나타나 야곱의 이름을 이스라엘이라 부를 것이라고 말씀하셨다. 백성들의 총회와 왕들이 야곱에게서 나올 것이라고 복을 다시 한번 확인해주셨다. 하나님이 야곱과 말씀하시던 곳을 떠나 올라가시자 야곱은 전제물을 붓고 또 그 위에 기름을 부어 감사하고 기념했다. 예전에 고향을 떠날 때 처음 하나님을 기념했던 이름처럼 그곳을 다시 '벧엘'이라고 불렀다(창 35:14-15). 벧엘, 엘벧엘에 이어 다시 벧엘이라고 이름 붙였다. 이렇게 야곱은 한 장소라도 하나님이 말씀하실 때면 언제나 다시 이름 붙이고 또 기념했다.

희생제사를 드리니…

애굽으로 내려갈 때도 야곱은 브엘세바에 이르러 그의 아버지 이삭의 하나님께 희생제사를 드렸다(창 46:1). 이렇게 하나님께 제단을 쌓고 기름과 예물을 붓고 제사 지내며 경배하는 것은 어떤 의미를 담고 있는가? 다름 아니라 하나님께 자기 인생을 맡긴다는 고백이다. 하나님만이 참 신이시고 자신의 인생을 인도하시는 분이라는 사실을 확인하면서 예배드리는 믿음이다. 우리의 예배에도 이런 의미를 담아야 한다. 하나님이 우리 인생에 말씀으로 늘 함께하시고 우리를 인도하신다. 우리는 예배를 통해 감사와 헌신의 응답을 한다.

야곱은 가는 곳, 하나님이 말씀하신 곳마다 하나님의 이름을 기념했다. 우리도 하나님의 인도하심을 바라며 하나님의 이름을 경배하고 찬양하며 예배드려야 한다. 여러 좋지 않은 조건이 있어도 예배드리기에 더욱 힘써야 한다.

"야곱에게 말씀해주신 하나님, 저도 하나님의 말씀에 집중하며 하나님의 이름을 기념하겠습니다. 저의 인생도 인도해주소서. 앞날이 불안하고 힘들어 보여도 말씀을 의지하며 두려움 없이 나아가는 믿음을 허락해주소서."

하나님이 이같이 그대들의 아버지의 가축을 빼앗아 내게 주셨느니라.
…라헬과 레아가 그에게 대답하여 이르되 우리가 우리 아버지 집에서
무슨 분깃이나 유산이 있으리요. 창 31:9,14

PART 4

직업인의
책임을
다하라

01 각성해야 할 사람들

19세기 탄광 노동자의 현실을 묘사한 영화 〈제르미날〉(Germinal, 1993, 끌로드 베리 감독)에는 일은 하지 않고 돈을 많이 버는 부자들에 대한 증오가 넘쳐난다. 부자들의 식탐과 방탕, 불륜과 같은 탐욕적인 모습을 반복해 묘사한다. 그에 반해 가난한 탄광 노동자들은 생존을 위해서 분투하다가 파업한다. 그러나 만일 못 가진 자들이 돈을 손에 넣을 때 균등한 분배와 사회 정의가 이루어질까? 이 질문에 대해 영화의 한 대목이 답해준다. 한 노동자가 거액의 복권에 당첨되었는데 그는 임대업을 해서 평생 먹고살려고 한다. 그러니 못 가진 자들도 부자가 되어 호의호식하려는 욕망을 가진 것은 부자들과 다르지 않다는 뜻이다.

'라반과 야곱' 의 관계에서 노사관계를 볼 수 있다. "라반이 야곱에게 이르되 네가 비록 내 생질이나 어찌 그저 내 일을 하겠느냐. 네 품삯을 어떻게 할지 내게 말하라. 라반에게 두 딸이 있으니 언니의 이름은 레아요 아우의 이름은 라헬이라. 레아는 시력이 약하고 라헬은 곱고 아리따우니 야곱이 라헬을 더 사랑하므로 대답하되 내가 외삼촌의 작은 딸 라헬을 위하여 외삼촌에게 칠 년을 섬기리이다. 라반이 이르되 그를 네게 주는 것이 타인에게 주는 것보다 나으니 나와 함께 있으라. 야곱이 라헬을 위하여 칠 년 동안 라반을 섬겼으나 그를 사랑하는 까닭에 칠 년을 며칠같이 여겼더라"(창 29:15-20).

딸을 팔아 노동력을 확보하고

형과 아버지를 속이고 도주한 야곱과 라반의 관계는 외삼촌과 조카 사이였다. 그런데 오래 지내다 보니 두 사람의 관계는 노사관계가 되었다. 친지 간이었지만 고용주와 고용인의 관계가 형성되었다. 그런데 사실상 라반은 딸을 팔아 야곱의 노동력을 착취했다. 조카에게 딸과 결혼시켜주는 대가로 무려 7년의 무임금 노동을 얻은 사람이 라반이었다.

노동자를 기만해 더욱 착취하고

게다가 라반은 7년의 노동을 다한 야곱을 라헬과 결혼시키겠다고 약속해놓고 신방에 레아를 들여보내는 속임수를 썼다. 그리고 다시 라헬과 결혼하게 해주는 대가로 7년의 무임금 노동력을 더 확보했다. 라반의 계획이 의도적이었던 증거를 볼 수 있다. "그도 네게 주리니 네가 또 나를 칠 년 동안 섬길지니라"(창 29:27). 그런데 이번에는 야곱이 7년간 일을 마친 후에 라헬과 결혼하는 조건이 아니었다. 레아와 결혼한 7일의 잔치 후 라헬과 결혼식을 하고, 그 이후 야곱은 7년의 노동력을 제공하면 되었다. 만약 7년을 더 일한 후 라헬과 결혼하라고 했다면 야곱이 반발하지 않았을까? 라반의 교활한 '밀당' 능력이 대단했다.

그러나 노동자도 만만찮았다.

악덕 고용주로 인해 노동자가 분개할 수밖에 없는 상황이었는데, 야곱 자신도 이런 일을 당하면서 자신이 전에 저지른 일 때문에 괴로웠을 것이다. 야곱 자신이 아버지에게 거짓말을 해서 결국 외삼촌의 집으로 쫓겨 오지 않았는가? 또한 지금은 힘이 없어서 당하지만 나중에 야곱은 노동력을 착취당한 복수를 몇 배나 되갚았다.

오늘날에도 노사(勞使)라는 단어 뒤에는 화합, 타협보다는 갈등, 분규, 대립이라는 단어가 더 많이 붙어 사용된다. 시스템보다 탐욕의 문제가 더욱 크고 근본적이다. 어쩌면 라반은 두 차례나, 그것도 조카를 그렇게도 무자비하게 속일 수 있었는가. 노동자의 입장인 야곱도 그냥 당하고만 있지는 않으니 이 갈등이 끝이 없어 보인다.

"사람들이 모여 조직을 이루고 일하게 하신 하나님, 일터의 노사관계를 위해서 기도합니다. 자신의 이익만을 강요하지 않게 하시고 공동체를 인식하게 인도해주소서. 자신의 위치에서 지혜롭고 정당하게 판단하고 행동할 수 있게 도와주소서."

>>> 창세기 30:27-32

사표 낸 실세직원,
대표가 붙잡다

성경에 일하는 모습이 구체적이고 자세하게 기록된 최초의 사람은 바로 야곱이다. 라반목축(주) 입사원서의 자기소개서가 장황하다. 구체적 업무내용이 적힌 직무기술서가 노동자의 양심선언에 담겨 있기도 하다(창 31:38-42). 창의적 제안, 획기적 생산성 향상, 엄청난 매출 증가도 야곱이 했던 일의 성과에 포함되어 있다. 별로 좋지 않은 일의 내용도 나온다. 딴 주머니 차기, 숱한 야근, 손실을 자비로 처리하기, 사표 제출 후 야반도주 등이다.

야곱과 라반의 연봉협상 줄다리기 이야기도 나온다. 야곱과 라반 사이의 밀고 당기기가 흥미롭다. "라반이 그에게 이르되 여호와께서 너로 말미암아 내게 복 주신 줄을 내가 깨달았노니 네가 나를 사랑스럽게 여기거든 그대로 있으라. 또 이르되 네 품삯을 정하라. 내가 그것을 주리라. 야곱이 그에게 이르되 내가 어떻게 외삼촌을 섬겼는지, 어떻게 외삼촌의 가축을 쳤는지 외삼촌이 아시나이다. 내가 오기 전에는 외삼촌의 소유가 적더니 번성하여 떼를 이루었으니 내 발이 이르는 곳마다 여호와께서 외삼촌에게 복을 주셨나이다. 그러나 나는 언제나 내 집을 세우리이까. 라반이 이르되 내가 무엇으로 네게 주랴. 야곱이 이르되 외삼촌께서 내게 아무것도 주시지 않아도 나를 위하여 이 일을 행하시면 내가 다시 외삼촌의 양 떼를 먹이고 지키리이다. 오늘 내가 외삼촌의 양 떼에 두루 다니며 그 양 중에 아롱진 것과 점 있는 것과 검은 것을 가려내며 또 염소 중에 점 있는 것과 아롱진 것을 가려내리니 이같은 것이 내 품삯이 되리이다"(창 30:27-32).

야곱의 몸값 올리기 작전

야곱은 모두 14년의 결혼지참금 노동계약이 끝나고 라헬이 요셉을 낳은 후 고향으로 돌아가겠다고 라반에게 통보했다. 그러나 사실 야곱의 입장에서는 아내와 자식들만 얻었지 가진 재산이라곤 전혀 없었다. "나는 언제나 내 집을 세우리이까?"라는 야곱의 하소연은 매우 절실한 현실이었다. 그런 아쉬움을 감추고 사표를 낸 야곱은 일종의 몸값 올리기를 의도했을 듯하다. 라반이 그냥 보내지는 않을 것을 잘 알고 있었다. 라반의 입장에서도 일 잘하는 야곱을 놓아 보내고 싶지 않았다. 야곱이 14년간 가축을 돌보며 얼마나 가축이 번성했는지 잘 알고 있었다. 그래서 드디어 연봉협상의 조건이 무르익었다.

쌍방이 동의하는 연봉협상이었나?

고용주가 제안하라고 하여 야곱이 제시한 자신의 연봉은 "앞으로 태어날 아롱진 것, 점박이, 검은 양과 아롱진 것과 점박이 염소들"이었다. 양은 보통 털 색깔이 희고 염소는 대다수가 검은색 털을 가지고 있다. 점이 있거나 얼룩무늬, 아예 검은색 털을 가진 양은 그리 흔하지 않았다. 그렇다면 앞으로 태어날 얼룩무늬 양과 염소들의 비율은 얼마나 되었을까? 신학자 고든 웬함이 비율을 계산하니 당시에 목자들이 정상적으로 받는 급여의 20퍼센트 이하를 야곱이 받는 셈이었다고 한다. 라반이 마다할 이유가 없었다. 그러나 야곱에게는 별도의 '계획'이 있었다. 따라서 이것은 불공정한 계약이었다. 그들은 연봉을 계약하면서 쌍방이 객관적으로 동의할 수 있는 협상을 하지 않았다. 사표 낸 실세직원을 대표가 붙잡긴 했는데, 여기서 결국 심각한 문제가 발생했다.

일한 대가로 받는 급여가 자신이 하는 일 자체보다 중요하지는 않다는 점은 분명하다. '나는 일을 제대로 해서 회사에 유익을 주고 있는가?' 돌아보아야 한다. 또한 '정당한 대가를 받고 있는가?' 점검해보아야 한다.

"일할 수 있게 하신 하나님, 참 감사합니다. 일의 보람보다 돈을 추구하는 경향이 강해진 시대입니다. 돈이 중요하지만 돈 때문에만 일하지는 않게 하소서. 세상을 복되게 하고 인생소명을 실현하는 일의 목적을 추구할 수 있도록 인도해주소서."

03 윈윈이 해결책이다

한 직장인이 직장에 몸담고 있으면서 만든 창작물의 소유권은 누구에게 있을까? 영화 〈매드 시티〉(Mad City, 1997, 코스타 가브라스 감독)에 재미있는 장면이 나온다. 인질범을 취재한 기사의 편집 방향에 대해 이견이 생기면서 맥스가 자신이 취재한 기사는 자기 것이라고 주장한다. 그러자 한 직원이 말한다. "아니오. 그 기사는 방송국의 재산이오." 결국 방송사를 등에 업은 메인앵커 캐빈이 맥스의 취재 기사를 자기 것으로 가로챈다. 일터에서 일하는 사람이 하는 일의 소유권이 누구에게 있는지 모호한 경우가 꽤 있다.

라반의 목장에서 일하던 야곱이 이른바 '딴 주머니'를 차는 일이 있었다. "야곱이 버드나무와 살구나무와 신풍나무의 푸른 가지를 가져다가 그것들의 껍질을 벗겨 흰 무늬를 내고 그 껍질 벗긴 가지를 양 떼가 와서 먹는 개천의 물구유에 세워 양 떼를 향하게 하매 그 떼가 물을 먹으러 올 때에 새끼를 배니 가지 앞에서 새끼를 배므로 얼룩얼룩한 것과 점이 있고 아롱진 것을 낳은지라. 야곱이 새끼 양을 구분하고 그 얼룩무늬와 검은 빛 있는 것을 라반의 양과 서로 마주보게 하며 자기 양을 따로 두어 라반의 양과 섞이지 않게 하며 튼튼한 양이 새끼 밸 때에는 야곱이 개천에다가 양 떼의 눈앞에 그 가지를 두어 양이 그 가지 곁에서 새끼를 배게 하고 약한 양이면 그 가지를 두지 아니하니 그렇게 함으로 약한 것은 라반의 것이 되고 튼튼한 것은 야곱의 것이 된지라. 이에 그 사람이 매우 번창하여 양 떼와 노비와 낙타와 나귀가 많았더라"(창 30:37-43).

착취를 당해온 노동자 야곱

사실 야곱의 처지에서 생각할 뿐만 아니라 객관적으로 보아도 야곱은 외삼촌 라반에게 노동력을 착취당했다. 많은 시간과 정력을 바쳐 노동했지만 그에 대한 대가를 제대로 받지 못한 것이다. 그러나 그렇다고 정당하지 못한 방법으로 직원이 딴 주머니를 차는 일은 바람직할까?

야곱의 '유전 공학'은 정당했나?

야곱의 행동은 과연 정당했는지 살펴봐야 한다. 라반과 연봉협상을 할 때 앞으로 태어날 양과 염소들 중 아롱진 것과 점 있는 것, 검은 것을 야곱이 가지기로 했다. 실제로 계약 후 야곱이 사용한 수태법을 통해서 튼튼한 양과 염소가 낳은 더 많은 수의 새끼들이 야곱의 차지가 되었다. 야곱이 아내들에게 고백할 때 꿈에서 하나님이 그 내용을 보여주셨다고 말한다(창 31:10-13). 하나님이 보여주셨으니 계약 위반이 아니라는 강변인데 과연 그럴까? 야곱의 문제는 무엇이었는가?

윈윈이 해결책

야곱은 14년간 노동력을 착취한 라반에게 나름의 복수를 했다. 약한 양과 염소는 라반의 것이 되게 하고 튼튼한 양과 염소는 자기 것이 되게 했다. 이렇게 나만 이기고 상대방은 지게 하는 전략은 참된 해결책이 아니다. 단 6년 만에 야곱은 매우 큰 부자가 되어 양 떼와 노비와 낙타와 나귀가 많았다. 나중에 형 에서의 진노를 누그러뜨리려 보낸 소와 낙타, 나귀, 양과 염소 등이 540여 마리나 된 것을 보면 얼마나 많은 재산을 얻었는지 상상해볼 수 있다(창 32:13-15). 야곱은 함께 이기는 윈윈의 전략을 사용할 수는 없었을까? 야곱은 라반과 함께 부유하게 되는 방법, 즉 적어도 자신의 소유를 제한하는 방법을 택했어야 한다.

물론 애초부터 더 공정하게 연봉계약을 해야 했다. 야곱은 "내 아버지의 하나님은 나와 함께 계셨느니라"(창 31:5)고 아전인수 격으로 해석했지만 자신만 이기고 상대는 지게 하는 전략은 바람직하지 않다. 윈윈의 전략을 모색하며 진정한 해결책을 찾도록 노력해야 한다.

"공정함을 기뻐하시는 하나님, 일하는 저로 인해 회사도 유익을 얻고 저도 유익할 수 있도록 인도해주소서. 상대방을 눌러서 내가 이기는 것만이 능사가 아님을 깨닫고 윈윈의 미덕을 추구하게 주님이 도와주소서."

>>> 창세기 31:1-5

04

떠나야 할 때,
인생소명을 염두에 두라

한 사람이 젊은 날 입사한 직장에서 오래 일하다가 은퇴하면 회사는 그 사람의 노후를 보장해주는 '평생직장'이 미덕이던 때가 있었다. 그런데 평생직장 개념이 성경적 직업관은 아닌 듯하다. 성경의 인물들을 살펴봐도 직업의 변화가 많다. 요셉은 목동-노예-죄수-총리의 변화무쌍한 전직 과정을 거쳤다. 다윗도 목동-왕의 악사 겸 비서-군대의 장-천부장-망명객-왕이라는 복잡한 전직 과정을 거쳤다. 모세는 왕자-목자-지도자의 전직 과정을 거쳤다. 세 사람의 예는 직업이나 업종의 분야를 아예 바꾼 전직(轉職)인 경우가 대부분이다. 야곱처럼 일터를 옮기는 이직(移職)은 직장인들이 더 자주 겪는다. 이렇게 일터를 떠나야 할 때도 꼭 생각해야 할 점이 있다.

야곱이 20년간 일한 일터를 떠나야 하는 상황에 대해 창세기 31장이 기록한다. "야곱이 라반의 아들들이 하는 말을 들은즉 야곱이 우리 아버지의 소유를 다 빼앗고 우리 아버지의 소유로 말미암아 이 모든 재물을 모았다 하는지라. 야곱이 라반의 안색을 본즉 자기에게 대하여 전과 같지 아니하더라. 여호와께서 야곱에게 이르시되 네 조상의 땅 네 족속에게로 돌아가라. 내가 너와 함께 있으리라 하신지라. 야곱이 사람을 보내어 라헬과 레아를 자기 양 떼가 있는 들로 불러다가 그들에게 이르되 내가 그대들의 아버지의 안색을 본즉 내게 대하여 전과 같지 아니하도다. 그러할지라도 내 아버지의 하나님은 나와 함께 계셨느니라"(창 31:1-5).

떠나야 할 때를 아는 지혜

직장생활을 하다가 피치 못하게 떠나야 할 때가 있다. 해고를 당할 수도 있고 도저히 함께 근무하기 힘든 상황도 발생할 수 있다. 야곱이 바로 그런 상황이었다. 함께 일하는 사람들과 감정이 상할 대로 상했고 돈문제와 연관되어 있어서 엉킨 문제를 쉽게 풀지도 못했다. 상황이 떠나야 할 때를 알려주는 중에 야곱은 꿈을 통해 하나님의 말씀을 분명하게 들었다. "나는 벧엘의 하나님이라. 네가 거기서 기둥에 기름을 붓고 거기서 내게 서원하였으니 지금 일어나 이곳을 떠나서 네 출생지로 돌아가라"(13절). 야곱은 이렇게 떠나야 할 때를 분명히 알았다.

관계를 망가뜨린 채 떠나지 말라.

그러나 설령 좋지 않은 일로 인해 직장을 떠나더라도 꼭 해야 할 일이 있다. 관계를 망가뜨린 채 떠나서는 안 되겠다. 나중에 지나는 길에 음료수 사 들고 들러서 커피 한잔 마시고 갈 수 있을 정도는 되어야 한다. 하지만 야곱은 감정이 상할 대로 상해서 인사는 당연히 하지 않았고 간다는 말도 없이 몰래 야반도주하듯이 떠났다. 분명히 잘못된 떠남이었다. 관계문제를 해결하지 못했다면 야곱은 떠나는 시기를 좀 늦추더라도 복잡한 문제들을 해결하고 떠나야 했다.

 떠날 때 인생소명을 염두에 두라.

 밧단아람에서 20년을 지내고 나니 야곱의 나이도 100세가 가까웠다. 야곱이 고향으로 떠나는 때는 일을 아들들에게 물려주고 은퇴해야 하는 시기이기도 했다. 물론 은퇴 후에도 여전히 인생소명을 따라 하나님이 주신 평생의 소명을 추구해야 했다. 현역생활을 더는 못하더라도 야곱은 여전히 하나님의 인도하심에 따라 소명을 이루어간다는 기대를 하고 떠났을 것이다.

 바야흐로 평생직업의 시대이다. 이직을 해야 하거나 또 다른 직업을 선택해야 한다면 신중해야 한다. 은퇴 후에도 하나님이 주신 인생소명을 추구해야 함을 잊지 않아야 한다. 어떤 상황이거나 떠나야 하는 때는 관계문제를 소홀히 해서는 안 되겠다.

"인생소명으로 인도하시는 하나님, 고용이 불안한 시대라고 하여 직장을 하나님같이 여기지 않게 인도해주소서. 언제 어디에서나 이끌어주시는 하나님의 부르심을 바라보고 진로를 결정할 수 있게 주님이 함께하여주소서."

>>> 창세기 31:41-44

05 라반, 경영자의
책임을 다했나?

　　라반목축(주) 노측과 사측 간 갈등을 유발하는 문제를 정리해볼
수 있다. 노측인 야곱이 제기한 문제는 힘을 다해 일했는데 대표인
라반이 자신의 연봉을 열 번이나 삭감했다는 것이다. 공정하신 하나
님이 막아서 라반이 자신을 해치지 못했고 라반의 가축을 빼앗아서
자기에게 주신 것이라고 주장했다(창 31:6-9). 하지만 사측인 라반
의 입장은 도망간 야곱을 따라잡은 후에 했던 이 말에 다 담겨 있었
다. "딸들은 내 딸이요 자식들은 내 자식들이요 양 떼는 내 양 떼요
네가 보는 것은 다 내 것이라"(창 31:43). 과연 노사 간 대화가 진전
되어 문제의 해결을 볼 수 있을까? 먼저 사측인 라반이 책임을 다했
는지 생각해보자.

　　노사 갈등 상황에서 사측인 라반의 입장도 분명하다. "내가 외삼
촌의 집에 있는 이 이십 년 동안 외삼촌의 두 딸을 위하여 십사 년,
외삼촌의 양 떼를 위하여 육 년을 외삼촌에게 봉사하였거니와 외삼
촌께서 내 품삯을 열 번이나 바꾸셨으며 우리 아버지의 하나님, 아브
라함의 하나님 곧 이삭이 경외하는 이가 나와 함께 계시지 아니하셨

더라면 외삼촌께서 이제 나를 빈손으로 돌려보내셨으리이다마는 하나님이 내 고난과 내 손의 수고를 보시고 어제 밤에 외삼촌을 책망하셨나이다. 라반이 야곱에게 대답하여 이르되 딸들은 내 딸이요 자식들은 내 자식이요 양 떼는 내 양 떼요 네가 보는 것은 다 내 것이라. 내가 오늘 내 딸들과 그들이 낳은 자식들에게 무엇을 하겠느냐. 이제 오라. 나와 네가 언약을 맺고 그것으로 너와 나 사이에 증거를 삼을 것이니라"(창 31:41-44).

라반, 경영자의 고뇌는 인정받아야 하나…

일단 라반이 외가로 도피해 온 조카 야곱을 거두어 보호해준 일은 인정받아야 한다. 또한 경영자로서 가족과 직원들을 부양하기 위한 '경영자의 고뇌'도 인정받아야 한다. 그런데 딸들을 야곱과 결혼시키며 14년간이나 무임금 노동을 하게 한 것이나 결혼 상대인 딸을 바꿔치기해서 야곱을 묶어 두려고 한 것은 명백한 잘못이었고 노동력 착취였다. 야곱의 품삯을 열 번이나 변경한 것도 문제가 있다. 실제로 열 번인지, 관용적인 표현으로 그만큼 자주 바꿨다는 뜻인지 구분이 쉽지는 않다. 하지만 연봉을 삭감하는 것은 바람직하지 않다. 한두 번이 아니라 최소한 몇 번 이상 여러 차례 삭감했기에 야곱이 이렇게 말했을 것이다.

라반, 야곱의 독립하고픈 열망을 몰랐던가?

라반은 "네가 보는 것은 다 내 것"(창 31:43)이라며 야곱의 일과 관련된 부분은 물론이고 가족도 다 책임져주는데 무슨 걱정이냐고 강변했다. 하지만 라반은 아들들이 있었고 사위인 야곱을 후계자로 삼을 것도 아니었다. 야곱의 처지에서 보면 자신은 빈손이었다(창 31:42).
나이가 들면 독립하여 가족들을 안정적으로 부양하고 싶은 당연한
욕구가 있다. 이 기본적인 열망을 라반이 생각했다면 좋았을 것이다.
요즘 식으로 말하면 직원에게 적절한 경제적 대우를 하고 능력을 반
영한 승진을 시켜주는 것이다. 가정에서 아이들이 커 가면 경제적 필
요도 늘어나니, 그렇게 가정 경제를 꾸릴 수 있도록 대우해주는 것이
다. 또한 능력 있고 본인이 원하면 리더십 교육과 후계자 수업을 시
켜주면 금상첨화였을 테다. 그렇게 했다면 분사(分社)도 모색하여 아
름다운 독립과 파송의 기회도 얻지 않았을까?

경영자 라반이 조카인 야곱의 할아버지 아브라함에게 배웠다면
좋았을 것이다. 아브라함 역시 조카 롯과 한정된 목초지로 인한 갈등
을 겪었다. 이런 문제가 있을 때 아브라함의 배짱 믿음을 배울 수 있
다. "네 앞에 온 땅이 있지 아니하냐. 나를 떠나가라. 네가 좌하면 나
는 우하고 네가 우하면 나는 좌하리라"(창 13:9).

"재물 얻을 능력을 주시는 하나님, 제가 일하면서 돈을 벌
수 있으니 감사합니다. 세상 모든 사람에게 민감한 돈문제
에 대해 아굴처럼 오직 필요한 양식으로 먹여달라고 기도
합니다. 욕심으로 인한 거짓말과 거짓 행동을 용서해주소서."

>>> 창세기 31:41-42

06 야곱, 직장인의 책임을 다했나?

'기업, 회사'를 뜻하는 '컴퍼니'(company)라는 영어 단어는 본래 포르투갈어로 '빵을 함께 만든다, 빵을 함께 나눈다'라는 어원을 가지고 있다. 한 기업의 사보에서 보았던 글이 기억난다. 임금협상을 하면서 노측과 사측이 접점을 찾지 못하고 있었다. 그날도 노사협상을 하는데 비가 많이 왔다. 회의실의 천장에서 빗물이 떨어지는데 사장님과 사측이 앉은 자리로 쏟아졌다. 그때 노조 측에 앉아 있던 사람들이 반사적으로 일어나 옷으로 빗물이 떨어지는 것을 막으면서 사측 사람들을 보호했다고 한다. 서로의 마음을 이해하게 된 후 노사협상이 아름답게 결론지어졌다는 이야기였다. 이런 미담이 많아지면 좋겠다.

라반목축(주) 노사관계에서 노측인 야곱이 책임을 다했는지 살펴보자. "내가 외삼촌의 집에 있는 이 이십 년 동안 외삼촌의 두 딸을 위하여 십사 년, 외삼촌의 양 떼를 위하여 육 년을 외삼촌에게 봉사하였거니와 외삼촌께서 내 품삯을 열 번이나 바꾸셨으며 우리 아버지의 하나님, 아브라함의 하나님 곧 이삭이 경외하는 이가 나와 함께 계시지 아니하셨더라면 외삼촌께서 이제 나를 빈손으로 돌려보내셨으리이다마는 하나님이 내 고난과 내 손의 수고를 보시고 어제 밤에 외삼촌을 책망하셨나이다"(창 31:41-42).

20년간의 성실은 인정받아야 하나…

야곱의 노동자 양심선언대로(38-40절), 20년간 자기 일을 성실히 했던 점은 틀림없이 인정받아야 한다. 당시의 관행은 목자가 맹수에게 물려 죽은 가축을 제시하면 목자에게는 책임이 없었다. 목자가 맹수를 뒤쫓았다는 증거가 되기 때문이었다. 그런데 라반은 그렇게 손실이 난 가축에 대한 책임도 야곱에게 물었다. 이런 불리한 대우를 받으면서도 야곱이 보여준 탁월한 성실함은 틀림없이 인정받아야 한다. 야곱은 이런 불리한 여건을 이겨내고 자기 일에서 큰 성과를 거두었다.

가축 증식 비법 차별 적용은?

그런데 야곱은 자신의 업무능력이라고 할 수 있는 수태의 비밀을 그렇게 차별적으로 적용해야 했을까? 양과 염소들이 교미할 때 눈에 보이는 이미지가 새끼들의 털 색깔을 좌우한다는 점을 발견한 후 적용한 일은 목축하는 직업인의 창의성과 전문성을 잘 보여준다. 아이디어로 획기적 업무개선을 한 것이고 실적 향상에도 큰 도움을 주었다. 그런데 튼튼한 양들은 야곱의 것이 되게 하고 약한 양들은 라반의 것이 되게 한 차별적 적용은 따지고 보면 계약위반에 해당한다.

야반도주하듯이 도망간 것은?

또한 야곱은 마치 야반도주하듯이 라반 몰래 짐을 싸 들고 도망쳤다. 라반에게 이야기도 하지 않고 도망갈 필요가 있었을까? 7일간이나 추격해서 따라잡을 정도로 멀리 도망가 버렸다. 이것은 분명한 잘못이었다. 아무리 힘든 일이 있어도 직장인이 도망가듯이 퇴사해 버리면 안 된다. 도망가듯이 뛰쳐나와 봐야 같은 업계에서 일하다가 뜻하지 않은 때 외나무다리에서 마주치게 된다.

제대로 받지 못한 것은 알아서 챙긴다는 야곱이었지만 바사제국 궁궐 문지기 모르드개처럼 기다리는 미덕도 멋지다. 반역모의 고발로 공을 세웠지만 상을 받지 못했다. 무려 8년이 지나 잠이 오지 않던 왕이 궁정일기를 읽다가 확인하고 보상했다. 이 일로 유대인들이 하만에게 몰살당할 위기에서 반전을 모색할 수 있었다. 모르드개의 기다리는 미덕도 좋은 방법이다.

"하나님, 보아스와 종들처럼 서로 축복하며 하나님의 복이 넘치는 일터를 만들어갈 수 있게 도와주소서. 서로를 생각하는 노사관계가 될 수 있다면 극한 대립을 막을 수 있습니다. 축복할 수 있는 특권을 가진 우리 크리스천들이 변화를 시도할 수 있게 도와주소서."

07

>>> 창세기 31:9,14-16

레아와 라헬,
가족의 책임을 다했나?

일터에서 벌어진 문제에 대해서 일하는 사람의 가족은 어떻게 이야기해주고 행동해야 할까? 우선 화가 나 있거나 판단하기 힘든, 그 당사자보다는 조금 더 객관적 자세로 평가해줄 수 있다. 물론 열 걸음쯤 뒤로 물러나 완전한 남처럼 비난하면 의지할 곳을 잃는다. 한두 발 정도만 뒤로 물러나서 당사자가 미처 생각하지 못하는 객관적 조언을 해주는 것이 중요하다. 사람은 제 생각은 언제나 옳다고 착각하는 때가 많다. 하지만 한 방향으로만 생각하다 보면 한계가 있고 낭떠러지에서 떨어질 수도 있다. 조금 다른 입장도 생각해 상대방의 고민에 관심을 가지다 보면 균형 잡히고 바람직한 사고를 할 수 있다.

야곱의 일터문제에 대해 가족인 아내들은 어떻게 반응했는지 알려준다. "하나님이 이같이 그대들의 아버지의 가축을 빼앗아 내게 주셨느니라. …라헬과 레아가 그에게 대답하여 이르되 우리가 우리 아버지 집에서 무슨 분깃이나 유산이 있으리요. 아버지가 우리를 팔고 우리의 돈을 다 먹어버렸으니 아버지가 우리를 외국인처럼 여기는 것이 아닌가. 하나님이 우리 아버지에게서 취하여 가신 재물은 우리와 우리 자식의 것이니 이제 하나님이 당신에게 이르신 일을 다 준행하라"(창 31:9,14-16).

화가 난 남편의 잘못된 호칭부터 지적했어야…

야곱이 자신의 일터에서 벌어진 문제를 가지고 아내들을 불러 의논하며 문제를 제기했다. 이직이라는 중요한 문제를 야곱이 혼자 결정하지 않고 가족과 의논한 것은 배울 만하다. 그런데 더 이상 장인 어른과 함께 일하지 못하겠다고 이야기하면서 '그대들의 아버지'라고 말한다. 네 차례나 반복한다. 이럴 때 아내라면 어떻게 해야 제대로 대응하는 것인가? 호칭에 관한 문화적 차이가 있겠지만 남편이 장인을 부르는 호칭부터 고쳐주어야 했다. '그대들의 아버지'가 아니라 '장인어른'이라고 호칭하라고 해야 했다. 야곱의 아내들은 화가 난 남편에게 제대로 조언하지 못했다.

한 수 더 뜬 부화뇌동이 문제였다.

그런데 오히려 라반의 딸들은 한 수 더 떴다. 유산도 받을 것이 없고 아버지가 자기들을 팔아버렸다고 분노했다. 하나님이 명령하신 대로 떠나는 일을 다 실행하라고 야곱에게 말했다. 아마도 레아보다는 라헬이 앞에 나서서 자기 한과 분노를 표현한 것일 텐데 이런 언사는 경거망동이었다. 노사갈등으로 인해서 화나고 분노한 상황에서 아내인 라헬은 야곱이 한발 물러서서 바른 판단을 하도록 조언해주었어야 한다. 야곱과 라반의 불행한 노사관계에 가족들의 도움이 없는 것이 더욱 큰 안타까움이었다.

대화와 기도 : 가족들이 해야 할 일

일하는 사람의 가족은 이야기를 들어주는 일이 중요하다. 일하는 사람은 집으로 돌아가 가족들에게 일하면서 겪은 이야기를 할 수 있어야 한다. 그러다 보면 일하는 사람으로서 미처 생각하지 못한 부분을 발견할 수 있고 잘못된 점도 깨달을 수 있다. 그리고 가족은 일터의 문제를 위해 기도해줄 수 있어야 한다. 라헬과 레아가 남편이 일터에서 겪는 갈등과 고민 상황에 대해서 하나님께 기도하며 문제를 풀어갔다면 얼마나 아름다운 결과가 있었을까? 화를 내는 남편에게 부화뇌동하면서도 기도할 줄 몰랐던 라헬과 레아, 이 가정의 비극이 안타깝다.

일하던 룻과 시어머니 나오미의 관계를 통해 배울 수 있다. 나오미는 며느리 룻이 일하고 왔을 때 질문하고 경청했다. 또한 나오미는 아마도 열심히 룻을 위해 기도했을 것이다. 대화와 기도로 일하는 사람을 지원했던 나오미와 룻의 아름다운 관계에서 교훈을 얻을 수 있다.

 "사랑하시는 하나님, 일터에서 겪는 어려움과 문제들을 가족에게 이야기하겠습니다. 제가 잘못 생각할 수 있는 점을 지적받겠습니다. 가족이 객관적 조언자가 되게 인도해주소서. 일터의 어려움을 함께 기도할 수 있게 하소서."

08

>>> 창세기 31:26,30-32

함부로 맹세하지 말라

구약성경에 예언적 축복과 저주가 종종 나온다. 야곱의 아내였던 라헬의 죽음에 대한 해석을 예언적 성취라고 보는 견해가 있다. 라헬은 밧단아람을 떠나 야곱의 고향으로 돌아오던 길에 벧엘과 베들레헴 사이에서 둘째 아들 베냐민을 낳다가 숨졌다(창 35:16-18). 라헬이 훔쳐 온 드라빔 때문에 소동이 있었을 때 "외삼촌의 신을 누구에게서 찾든지 그는 살지 못할 것"(창 31:32)이라고 야곱이 한 맹세를 예언적 저주로 보는 것이다. 그런데 야곱은 도둑질한 사람이 '발각되면' 죽을 것이라고 말했지만 라헬은 발각되지도 않았는데 저주받아 죽었단 말인가? 임신한 몸으로 여러 날 이동하다가 난산으로 세상을 떠난 라헬의 죽음을 저주 예언의 성취라고 보는 것은 지나친 해석으로 보인다.

야곱과 라반의 갈등 속에서 맹세에 관한 교훈을 얻을 수 있다. "라반이 야곱에게 이르되 네가 나를 속이고 내 딸들을 칼에 사로잡힌 자같이 끌고 갔으니 어찌 이같이 하였느냐. …이제 네가 네 아버지 집을 사모하여 돌아가려는 것은 옳거니와 어찌 내 신을 도둑질하였느냐.

야곱이 라반에게 대답하여 이르되 내가 생각하기를 외삼촌이 외삼촌의 딸들을 내게서 억지로 빼앗으리라 하여 두려워하였음이니이다. 외삼촌의 신을 누구에게서 찾든지 그는 살지 못할 것이요 우리 형제들 앞에서 무엇이든지 외삼촌의 것이 발견되거든 외삼촌에게로 가져가소서 하니 야곱은 라헬이 그것을 도둑질한 줄을 알지 못함이었더라"(창 31:26,30-32).

상황을 모른 채 함부로 맹세하지 말라.

야곱은 라반에게 이야기하지도 않고 도망하듯 떠나왔다. 그때 야곱은 아내 라헬이 장인의 가정 수호신인 드라빔을 훔쳐 온 것을 알지 못했다. 상속과 재산권의 의미를 가진 그 우상을 훔친 사람이 있다면 그는 살아남지 못할 것이라고 야곱이 라반에게 맹세했다. 부전여전인지, 라반의 교활함을 빼닮은 라헬의 교묘한 기지로 발각되지 않기는 했다. 라반이 라헬의 장막에 왔을 때 라헬은 낙타 안장 아래에 드라빔을 넣고 앉아 마침 생리가 있어 아버지를 영접할 수 없다고 둘러댔다. 결국 야곱이 상황을 제대로 파악하지 못해서 무모한 맹세를 했다. 그래서 가족을 위험에 빠뜨릴 수도 있었다는 점은 분명히 짚고 넘어가야 하겠다.

맹세하지 말고 옳고 그름만 말하라.

예수님은 산상수훈에서 하늘로나 땅으로나 예루살렘으로나 우리의 머리로나, 그 어떤 것으로도 맹세하지 말라고 말씀하셨다(마 5:34-36). 자기 일에 대한 맹세도 조심해야 하겠지만 가족뿐 아니라 자신 아닌 다른 사람에 대해서 맹세하는 것도 삼가야 한다. 설령 가장 가까운 가족 혹은 친구나 잘 아는 사람이라고 할지라도 내가 좌지우지할 수는 없다. 배우자이니 마음대로 할 수 있다거나 자녀를 함부로 대해도 상관없다고 생각해서는 안 된다. 한 인격체로 인정받아야 할 사람에 대해서 극단적인 조치를 하겠다고 맹세하는 것은 무모하고도 불합리하다. 함부로 맹세하지 말라고 하신 후 예수님이 해주시는 말씀에 귀를 기울여야 하겠다. "오직 너희 말은 옳다 옳다, 아니라 아니라 하라. 이에서 지나는 것은 악으로부터 나느니라"(마 5:37).

나의 가족이기 때문에, 나와 함께 일하는 사람이기 때문에 "전혀 그럴 리가 없다. 장담한다"라고 맹세하지 말아야 한다. 상황 파악도 못 하고 친분 때문에 맹세하면 실수할 가능성이 크다. 장담보다 사실 관계를 더욱 면밀하게 파악하고 보다 합리적으로 대응하기 위해 노력해야 한다.

"세상사 모든 일을 주관하시는 하나님, 모든 일에 하나님을 앞세울 수 있게 도와주소서. 제가 무엇을 좌지우지할 수 있다고 장담하지 않겠습니다. 특히 사람들을 향해 부정적이거나 좋지 않은 말을 하지 않고 축복하고 긍정적으로 말하고 행동하도록 인도해주소서."

09 노사가 합의 : 미스바

하찮은 일로 다투는 아이들의 모습을 지켜보던 엄마가 달려왔다. 언니와 동생은 상대방이 먼저 싸움을 걸어왔다고 소리쳤다. 그러나 어머니는 두 아이의 말을 다 듣고 나서 조용하게 말했다. "누가 먼저 싸움을 시작한 것은 알고 싶지 않아. 다만 엄마가 알고 싶은 것은 누가 먼저 화해를 시작하는가 하는 거야. 누가 먼저 화해할래?" 사람들이 모인 곳이라면 어디에서나 다툼이 있을 수 있다. 생존과 관련된 더욱 심각한 마찰이 있을 수도 있다. 그러나 문제는 누가 먼저 '화평하게 하는 자'가 되는가 하는 점이다.

라반과 야곱이 화해하며 함께 사는 길을 보여준다. "이제 오라. 나와 네가 언약을 맺고 그것으로 너와 나 사이에 증거를 삼을 것이니라. 이에 야곱이 돌을 가져다가 기둥으로 세우고 또 그 형제들에게 돌을 모으라 하니 그들이 돌을 가져다가 무더기를 이루매 무리가 거기 무더기 곁에서 먹고 라반은 그것을 여갈사하두다라 불렀고 야곱은 그것을 갈르엣이라 불렀으니 라반의 말에 오늘 이 무더기가 너와 나 사이에 증거가 된다 하였으므로 그 이름을 갈르엣이라 불렀으며 또 미스바라 하였으니 이는 그의 말에 우리가 서로 떠나 있을 때에 여호와께서 나와 너 사이를 살피시옵소서 함이라. …라반이 아침에 일찍이 일어나 손자들과 딸들에게 입 맞추며 그들에게 축복하고 떠나 고향으로 돌아갔더라"(창 31:44-49,55).

'노사가 협의회', 합의에 도달하다.

쉽지는 않았지만 우여곡절을 거친 끝에 라반과 야곱의 '노사가' (勞使家) 합의가 드디어 이루어졌다. 그래서 라반과 야곱은 그리 나쁘지 않은 결별을 할 수 있었다. '갈르엣'(증거의 무더기)이라고 기념하여 이름 붙인 곳에서 중요한 쌍방합의가 체결되었다. 하나님 앞에서 언약을 맺으면서 라반은 갈르엣을 '미스바'라고 했다. 이런 마음을 담은 기도였다. "우리가 서로 떠나 있을 때에 여호와께서 나와 너 사이를 살피시옵소서"(49절).

퇴직금+전별금으로 처리하여 갈등 봉합

그리고 라반은 지난 6년 동안 야곱이 모은 모든 재산을 일종의 퇴직금 혹은 전별금으로 인정한 듯 문제 삼지 않고 야곱을 보냈다. 라반과 가족들이 위협을 느낄 정도로 불어난 야곱의 재산이 결국 이별의 빌미가 되었지만, 라반이 문제 삼지 않기로 한 것도 비합리적이지는 않았다. 라반도 "여호와께서 너로 말미암아 내게 복 주신 줄을 내가 깨달았노니"(창 30:27)라고 인정한 대로 라반은 야곱이 오기 전에는 그리 부유하지 못했다. 직원이었지만 사실상 경영책임자로 야곱이 라반에게 많은 부를 축적하게 한 것을 고려하면 야곱의 '퇴직금'은 합리적이라고 볼 근거가 충분히 있다.

할아버지, 딸들과 손주들과 작별하다.

재산문제가 얽혀 있어서 혹시 자식에게는 얼굴 붉힐 수 있다. 아들이나 딸, 사위나 며느리와는 갈등도 있고 이해관계가 얽혀 미울 수 있다. 그러나 손주들은 그렇지 않다. 할아버지로서 라반은 손주들과 작별했다. 다시 만날 수 있을지 기약도 할 수 없는 손주들이었다. 딸들에게도 입 맞추고 축복하며 떠나보냈다. 과정까지 모두 만족스럽지는 않으나 결국 아름다운 결별로 노사가 합의가 마무리되었다.

인생에서 겪는 갈등이 인생소명을 성취하는 중요한 전환점이 될 수 있다. 일터에서 어려움이 생기거나 이직과 전직, 폐업과 같은 새로운 인생의 전환점에 서게 되었을 때 특히 하나님이 주신 소명을 다시 한번 기억하고 점검해야 한다. 하나님의 인도하심을 따라 움직여야 한다.

"하나님 아버지, '우리가 서로 떠나 있을 때에 여호와께서 살피시옵소서.' 라반과 야곱처럼 기도합니다. 일하며 겪는 갈등과 아픔과 어려움 속에서도 하나님의 인도하심과 보살피심을 바라며 결국 인도하실 하나님을 의지하게 도와주소서."

〉〉〉 창세기 32:24-31

10

홀로 밤을 지새우며
씨름할 문제

오늘 당신은 어떤 문제로 가장 고민하는가? 일하고 살아가며 무엇을 얻기 위해 가장 애쓰고 있는가? 일을 잘하고 성공하기 위해 노력하는가? 배우자와 자녀, 가족들과 행복을 누리는 가정을 원하는가? 혹은 그 둘을 다 원하는가? 평생을 일과 가족, 두 가지를 추구해 오다가 그것을 잃을지도 모른다는 두려움에 사로잡힌 한 남자가 있었다.

분노하여 야곱을 죽이려던 형을 운명적으로 만나야 할 야곱이 가족과 가축들을 보낸 후 홀로 남았다. "야곱은 홀로 남았더니 어떤 사람이 날이 새도록 야곱과 씨름하다가 자기가 야곱을 이기지 못함을 보고 그가 야곱의 허벅지 관절을 치매 야곱의 허벅지 관절이 그 사람과 씨름할 때에 어긋났더라. 그가 이르되 날이 새려하니 나로 가게 하라. 야곱이 이르되 당신이 내게 축복하지 아니하면 가게 하지 아니하겠나이다. 그 사람이 그에게 이르되 네 이름이 무엇이냐. 그가 이르되 야곱이니이다. 그가 이르되 네 이름을 다시는 야곱이라 부를 것이 아니요 이스라엘이라 부를 것이니 이는 네가 하나님과 및 사람들과 겨루어 이겼음이니라. 야곱이 청하여 이르되 당신의 이름을 알려 주소서. 그 사람이 이르되 어찌하여 내 이름을 묻느냐 하고 거기서 야곱에게 축복한지라. 그러므로 야곱이 그곳 이름을 브니엘이라 하였으니 그가 이르기를 내가 하나님과 대면하여 보았으나 내 생명이 보전되었다 함이더라. 그가 브니엘을 지날 때에 해가 돋았고 그의 허벅다리로 말미암아 절었더라"(창 32:24-31).

인생이 하루아침에 무너질까 두렵다.

우리 인생에는 낮이 있는가 하면 밤이 있다. 인생이 더 이상 앞으로 나아가지 못하게 하는 밤이 있다. 야곱이 그의 인생에서 밤을 맞았다. 야곱이 맞닥뜨린 밤은 전에 속임수로 장자권을 가로챈 형에게 당할 복수였다. 형 에서가 400명을 거느리고 야곱에게로 오고 있다는 소식을 접했다. 그 밤에 야곱은 지금까지 이룬 일터와 가정이라는 인생이 하루아침에 무너져 버릴 것 같아 두려웠다.

하나님을 가까이에서 만지다.

그 밤에 야곱은 어떤 사람과 밤이 새도록 씨름했다. 정신없이 싸우던 야곱은 자기가 그 밤에 씨름한 상대가 하나님이심을 깨달았다. 결국 치명타를 맞고 싸움에서 지게 된 야곱이 그에게 매달렸고 그가 야곱에게 물었다. "네 이름이 무엇이냐?" 이 질문은 하나님의 천사가 야곱의 이름을 몰라서 물어본 것이 아니다. 그는 이미 모든 것을 알고 있었다. 이것은 지금까지 야곱이 살아온 인생이 무엇이고 그가 추구해온 것이 무엇인지 질문하는 것이다. 이제 야곱은 하나님과 겨루어 이겼다는 뜻의 '이스라엘'로 이름이 바뀌었다.

브니엘의 하나님을 만나셨나요?

물론 전에 야곱이 하나님을 몰랐던 것은 아니다. 그러나 이 밤은 그가 그때까지 20년 동안 그의 가족과 일을 위해 지새우던 밤과는 달랐다. 야곱은 자기가 하나님을 만난 것이 지금까지 추구해온 인생의 두 작품인 가정의 행복과 직업적 성공보다 더 중요한 것임을 깨달았다. 브니엘의 하나님이 그의 인생을 만져주셨다. 야곱은 브니엘의 축복을 누렸다.

하나님이 오늘 우리에게도 질문하신다. 외로움과 두려움에 빠져 앞날에 대해 고민할 때라면 더욱 물으실 것이다. "네 이름이 무엇이냐?" 낮과 밤을 가리지 않고 힘써 모은 모든 것이 우리의 정체가 아니다. 하나님 나라와 의를 구하며, 복수하러 달려온 형과 화해할 수 있었던 브니엘의 은혜로 살아가야 한다.

"인생을 주관하시는 하나님, 저에게도 이름을 물으시는 질문에 유념하겠습니다. 저의 삶으로 대답하게 하소서. 야곱에게 주신 브니엘의 축복처럼 저도 브니엘을 지나며 햇빛을 보게 인도해주소서."

>>> 창 32:1-2, 33:1-2

11

20년 만의 귀향,
하나님이 주신 지혜

20년 만에 고향으로 돌아오던 야곱은 장자권을 빼앗겨 분노하던 형이 400명의 장정을 거느리고 오는 위태로운 현실을 맞닥뜨려야 했다. 야곱은 에서의 마음을 풀어주기 위해 세 차례에 걸쳐 양, 염소, 소, 낙타, 나귀 등 540마리에 새끼들 여러 마리도 함께 에서에게 보냈다. 이것이 어느 정도의 가치가 있었을까? 우리 시대의 가격이지만 이스라엘 농무부 자료로 조사해보니 소가 3,500불, 양이 440불, 염소가 230불, 낙타가 300~600불, 나귀가 60~230불 정도 된다고 한다(마에하라 토시오 지음, 「삼색성공」, 노바 펴냄, 2008). 4~5억 원에 이르는 막대한 금액이었다. 야곱이 얼마나 형의 감정을 풀고 싶었는지 이 엄청난 선물 공세가 잘 보여준다.

20년 만에 고향으로 돌아오면서 쉽잖은 숙제를 야곱이 해결하기 위해 노력한다. "야곱이 길을 가는데 하나님의 사자들이 그를 만난지라. 야곱이 그들을 볼 때에 이르기를 이는 하나님의 군대라 하고 그 땅 이름을 마하나임이라 하였더라. …야곱이 눈을 들어 보니 에서가 사백 명의 장정을 거느리고 오고 있는지라. 그의 자식들을 나누어 레아와 라헬과 두 여종에게 맡기고 여종들과 그들의 자식들은 앞에 두고 레아와 그의 자식들은 다음에 두고 라헬과 요셉은 뒤에 두고"(창 32:1-2, 33:1-2).

야곱의 분산형 위기 대처

야곱이 4천 년 전에 오늘날 경영과 재테크에서 통용되는 포트폴리오 위기 대처방법을 추구하고 있다. 일단 야곱은 자기 가축을 두 떼로 나눈다. 형 에서가 한쪽을 치면 또 다른 한쪽은 피하겠다는 계산이었다(창 32:7-8). 그리고 굉장한 선물공세를 했다. 잠언에서도 말한다. "사람의 선물은 그의 길을 넓게 하며 또 존귀한 자 앞으로 그를 인도하느니라"(잠 18:16). "은밀한 선물은 노를 쉬게 하고 품 안의 뇌물은 맹렬한 분을 그치게 하느니라"(잠 21:14). 야곱은 아까운 것, 오래 고생해서 모은 재산을 기꺼이 포기하고 관계회복을 위해 사용하면서 위기에 대처하고 있다.

생존과 계승을 위한 고육지책

브니엘에서 하나님을 만난 다음 날, 야곱은 결국 형 에서와 직접 맞닥뜨려야 했다. 이때도 치밀하게 전략을 세웠다. 맨 앞에는 두 첩인 빌하, 실바와 아들, 그리고 다음으로 첫째 아내 레아와 자녀, 마지막으로 둘째 아내 라헬과 아들 요셉을 배치했다. 어떤 순서인지 금방 알 수 있다. 교활한 야곱의 면모가 그대로 드러나는 배치였다. 그런데 여기서 우리는 야곱의 절박함을 이해해야 한다. 야곱은 라헬과 요셉 뒤에 있다가 에서의 공격을 받으면 도망치겠다는 계산이 아니었다. 맨 앞에 야곱 자신이 섰다(창 33:3). 요셉을 맨 마지막에 배치한 이유는 에서가 쳐서 문제가 생겨도 대를 잇고 족장의 역할을 하게 할 아들로 요셉을 낙점하고 있었기 때문이다.

마하나임, 하나님이 주신 확신과 아이디어

야곱이 가축과 사람들을 나누어 대처할 지혜를 어디에서 얻었을까? 야곱이 길을 가다가 하나님의 사자들을 만났다. 하나님의 군대라고 야곱이 말하면서 그 땅의 이름을 '마하나임'이라고 붙였다. '두 진영'(two camps)이라는 뜻이다. 야곱은 천사들의 군대를 만나면서 하나님이 자신과 함께하실 것이라는 확신을 얻었다. 또한 천사군대의 진영이 나뉘었던 것을 보고 아마도 야곱은 가축을 두 떼로 나누어 위험을 분산하는 지혜를 얻었을 것 같다.

야곱은 잘못은 했지만 문제를 해결하기 위해 자기 재산을 아끼지 않고 투자해서 결국 더 중요한 인생의 가치인 관계회복과 화해를 얻어냈다. 용서받고 관계를 회복하기 위해 노력하고, 또한 하나님이 주시는 아이디어를 적용한 지혜도 배워야 하겠다.

 "본향을 사모하는 마음을 주신 하나님, 우리는 고향을 찾는 일을 반복하다가 결국 영원한 우리의 본향으로 돌아갑니다. 하나님의 지혜로 관계를 회복하며 복되게 살아가다가 주님이 부르실 때 기쁨과 감격의 귀향을 할 수 있게 인도해주소서."

12

변화되고 노력해서 얻은 화해의 열매

〈나의 산티아고〉(Ich bin dann mal weg, 2016, 줄리아 폰 하인츠 감독)는 하페 케르켈링이라는 실제 인물의 기행문을 영화로 만든 작품이다. 성공한 인기 코미디언 하페가 과로로 쓰러지면서 큰 수술을 받았다. 전혀 해본 적이 없는 긴 휴가가 매우 낯설었다. 돌연 스페인의 산티아고 순례길에 올라 42일간 600km에 이르는 여정에서 사색하며 자신을 돌아본다. 자신이 일하던 직업 세계인 방송의 인간 존재 말살에 대한 비판도 담고, 신 존재에 대한 잔상과 회의도 담으며 생의 여정을 그려내고 있다. 인생의 어려움을 겪는 사람이 인생의 참다운 가치를 찾아가는 쉽잖은 과정을 이야기한다. 성경 속에서도 그런 사람을 만날 수 있다.

드디어 야곱이 20년 만에 형 에서를 만나게 되었다. "야곱이 눈을 들어 보니 에서가 사백 명의 장정을 거느리고 오고 있는지라. 그의 자식들을 나누어 레아와 라헬과 두 여종에게 맡기고 여종들과 그들의 자식들은 앞에 두고 레아와 그의 자식들은 다음에 두고 라헬과 요셉은 뒤에 두고 자기는 그들 앞에서 나아가되 몸을 일곱 번 땅에 굽히며 그의 형 에서에게 가까이 가니 에서가 달려와서 그를 맞이하여 안고 목을 어긋 맞추어 그와 입 맞추고 서로 우니라. 에서가 눈을 들어 여인들과 자식들을 보고 묻되 너와 함께 한 이들은 누구냐. 야곱이 이르되 하나님이 주의 종에게 은혜로 주신 자식들이니이다"(창 33:1-5).

야곱이 에서를 만나 화해하다.

야곱의 인생 최대 위기가 다가오고 있었다. 400명의 장정을 거느리고 오는 형 앞에서 몸을 일곱 번 땅에 굽히며 다가갔다. 그런데 놀라운 장면이 벌어졌다. 형 에서가 야곱에게 달려와서 야곱을 안고 입 맞추었다. 두 사람이 함께 울었다. 너무도 갑작스러운 반전에 본래부터 에서가 야곱을 환영하려고 하지 않았나 생각할 수도 있다. 그러나 400명의 장정은 야곱을 환영하는 인파로는 어울리지 않는다. 하나님이 에서의 여전한 증오의 마음을 바꾸어 용서하고 화해하도록 하신 것이 틀림없다. 하나님은 한 사람의 굳고 모질어진 마음을 바꾸어 용서하고 화해하게 하실 수 있는 분이다.

하나님과 화해, 사람과 화해를 가능하게 하다.

우리가 하나님과 갖는 관계는 사람들과 가지는 관계와 연관되어 있다. 야곱이 브니엘에서 하나님을 만나고 만지는 체험을 한 후 평생 갈등을 겪던 형 에서와 화해할 수 있었다. 먼저 하나님과 화해하는 것이 우리가 사람들과 겪는 갈등관계를 해소하고 화해할 수 있게 하는 전제라고 할 수 있다. 야곱이 이렇게 말한다. "내가 형님의 얼굴을 뵈온즉 하나님의 얼굴을 본 것 같사오며 형님도 나를 기뻐하심이니이다"(10절). 물론 야곱이 전략적으로 형에게 보낸 예물도 에서의 마음을 누그러뜨렸다. "하나님이 내게 은혜를 베푸셨고 내 소유도 족하오니 청하건대 내가 형님께 드리는 예물을 받으소서"(11절). 이렇게 말하며 야곱이 강권하니 에서가 그 540여 마리 가축 떼를 받았다.

돌아가신 아버지를 함께 장례하다.

형제의 아버지 이삭이 장수하다가 180세에 세상을 떠났다. 야곱이 120세로, 밧단아람에서 돌아온 지 20여 년이나 지난 때였다. 성경은 이때 장사지낸 일을 이렇게 묘사한다. "그의 아들 에서와 야곱이 그를 장사하였더라"(창 35:29). 하나님이 함께하셔서 에서와 야곱 간의 진실하게 화해했던 관계가 오래 지속되었음을 장례식에 나란히 기록된 '에서와 야곱'의 이름이 보여준다.

하나님과 화해하는 일이 사람과 화해하는 일을 가능하게 한다는 교훈을 마음에 새겨야 한다. 나름의 보상에 해당하는 예물도 화해에 요긴했음을 기억해야 한다. 화해는 우리의 가정과 일터, 사회와 나라에도 꼭 필요하다. 우리 자신이 화해를 시도하는 피스메이커가 되도록 노력해야 한다.

 "브니엘에서 야곱을 만나주신 하나님, 저도 브니엘의 경험을 통해 사람들에게 용서받게 하시고 화해할 수 있게 인도해주소서. 그래서 하나님이 아브라함에게 주신 인생소명처럼 사람들에게 복이 되게 해주시기 원합니다."

13 욕망에 휘둘린 비즈니스의 말로

미국의 한 우체국에서 근무하던 재미동포가 겪은 일이다. 경찰관이 들어오더니 함께 일하던 동료를 체포해갔다. 체포된 동료가 돈이 든 우편물을 몰래 숨겼던 것이 곳곳에 설치된 CCTV를 통해 드러났다. 크리스천이었던 재미동포는 교훈을 깨달았다. 함께 일하던 자신도 몰랐지만 동료의 행동을 카메라가 지켜보고 있었다. 욕심 때문에 몰래 저지르는 거짓 행동이 문제였다. 하나님의 눈에 숨길 것이 없다.

야곱의 딸 디나와 관련한 탐욕과 복수극이 얽힌 사건을 창세기 34장이 기록한다. "레아가 야곱에게 낳은 딸 디나가 그 땅의 딸들을 보러 나갔더니 히위 족속 중 하몰의 아들 그 땅의 추장 세겜이 그를 보고 끌어들여 강간하여 욕되게 하고 그 마음이 깊이 야곱의 딸 디나에게 연연하며 그 소녀를 사랑하여 그의 마음을 말로 위로하고 그의 아버지 하몰에게 청하여 이르되 이 소녀를 내 아내로 얻게 하여주소서 하였더라. …이 사람들은 우리와 친목하고 이 땅은 넓어 그들을 용납할 만하니 그들이 여기서 거주하며 매매하게 하고 우리가 그들의 딸들을 아내로 데려오고 우리 딸들도 그들에게 주자. 그러나 우리 중의 모든 남자가 그들이 할례를 받음같이 할례를 받아야 그 사람들이 우리와 함께 거주하여 한 민족 되기를 허락할 것이라. 그러면 그들의 가축과 재산과 그들의 모든 짐승이 우리의 소유가 되지 않겠느냐. 다만 그들의 말대로 하자. 그러면 그들이 우리와 함께 거주하리라"(창 34:1-4,21-23).

세겜에서 겪은 안타깝고 힘든 일

외삼촌 라반의 집을 떠나 고향으로 돌아온 야곱이 에서와 20년 묵은 원한을 풀면서 감동적으로 해후한 후 세겜 지방에 머물 때의 일이다. 야곱의 딸 디나가 마실 나갔다가 그 땅의 추장 세겜에게 강간당하는 사건이 있었다. 세겜은 이후 디나를 깊이 사랑하여 그의 아버지에게 디나와 결혼하게 해달라고 청했다. 야곱의 아들들은 이 일을 큰 수치로 여겼다. 그래서 만약 할례를 받으면 디나도 시집보내고 그 땅에 거주하겠다고 했다.

그들의 비즈니스 확장 욕망

그러자 세겜과 그의 아버지 하몰이 사람들을 설득했다. 야곱 집 안사람들의 요구대로 할례를 받기만 하면 그 사람들이 그 땅에서 함께 살게 될 것이고 땅도 넓어서 아무런 문제가 없을 것이라고 했다. 함께 지내며 교역하고 통혼하면 얻을 이익에 대해 이렇게 선동했다. "그들의 가축과 재산과 그들의 모든 짐승이 우리의 소유가 되지 않겠느냐?"

욕망에 사로잡힌 비즈니스의 말로

선동적인 제안은 효과적이어서 세겜 사람들은 자신들의 비즈니스 확장을 꿈꾸었다. 그러나 그것은 한갓 욕심에 불과했다. 야곱의 아들들은 할례를 받고 고통스럽게 누워 있는 세겜성 남자들을 찾아가 다 죽였다. 결국 그들이 꿈꾸었던 통혼과 비즈니스를 통한 거래, 그로 인해 부유해지려던 욕망은 물거품이 되고 말았다. 물론 당시 스무 살도 안 되었던 야곱의 아들들이 큰 죄를 범했다. 또한 애초부터 세겜 사람들의 비즈니스 확장 계획은 강간이라는 죄의 토대 위에서 싹트기도 했다. 의도가 순수하지 못한 비즈니스 확장의 꿈이 이렇게 폭력적인 복수로 스러지고 말았다.

결과와 과정도 중요하지만 의도도 중요하다. 바람직한 방법으로 하나님이 기뻐하실 성공을 꿈꾸어야 한다. 우리 크리스천은 악을 악으로 욕을 욕으로 갚지 말고, 도리어 복을 빌고 생명을 사랑하고 거짓을 말하지 말고 선을 행하고 화평을 구해야 한다(벧전 3:9-11).

"공의로우신 하나님 아버지, 탐욕을 가지고 사악하게 편법을 쓰며 비즈니스의 성공을 꿈꾸는 사람들의 못된 의도를 무력하게 하소서. 선한 의도를 가지고 일하는 사람들이 성공하여 세상에 공의가 넘치게 하여주소서."

14

내가 가는 길에서
나와 함께하신 하나님

오래전 미국 보스턴의 유흥업소에서 난 큰 화재로 493명이 사망하고 200여 명이 구조된 사건이 있었다. 한 정신과 의사가 구출된 사람들을 조사 연구한 결과를 발표했다. 죽을 뻔한 위기를 경험한 사람들의 85퍼센트가 오히려 인생을 새롭게 출발하는 기회로 삼아 신앙의 회복이나 부부관계의 회복, 방탕한 못된 습관을 고치는 계기를 마련했다. 한 사람이 겪는 인생의 위험하고 어려웠던 순간이 그 사람의 삶에 어떤 좋은 기회가 될 수 있는지 보여준다.

세겜 땅에서 험한 일을 겪은 야곱은 자신을 돌아보고 새로운 결심을 한다. "하나님이 야곱에게 이르시되 일어나 벧엘로 올라가서 거기 거주하며 네가 네 형 에서의 낯을 피하여 도망하던 때에 네게 나타났던 하나님께 거기서 제단을 쌓으라 하신지라. 야곱이 이에 자기 집안사람과 자기와 함께 한 모든 자에게 이르되 너희 중에 있는 이방 신상들을 버리고 자신을 정결하게 하고 너희들의 의복을 바꾸어 입으라. 우리가 일어나 벧엘로 올라가자. 내 환난 날에 내게 응답하시며 내가 가는 길에서 나와 함께하신 하나님께 내가 거기서 제단을 쌓으려 하노라 하매 그들이 자기 손에 있는 모든 이방 신상들과 자기 귀에 있는 귀고리들을 야곱에게 주는지라. 야곱이 그것들을 세겜 근처 상수리나무 아래에 묻고 그들이 떠났으나 하나님이 그 사면 고을들로 크게 두려워하게 하셨으므로 야곱의 아들들을 추격하는 자가 없었더라"(창 35:1-5).

위기를 통해 다가오시는 하나님

딸 디나가 세겜의 추장에게 강간당하고 오빠들이 그 종족의 남자들을 몰살시키는 참극을 벌인 일은 야곱의 인생에서 큰 위기였다. 대가족을 거느린 가장으로서 주변 종족들이 복수해 오면 꼼짝없이 몰살당할 상황에서 야곱은 고민했다. 이때 하나님이 야곱에게 전에 에서를 피해 도망하던 때 하나님을 만났던 벧엘에 가서 제단을 쌓으라고 말씀하셨다. 벧엘은 이전에 야곱이 인생의 큰 위기를 겪으며 도망칠 때 하나님이 야곱을 만나시고 언약을 주셨던 장소이다(창 28:1-22).

"우리가 일어나 벧엘로 올라가자!"

이 말씀에 순종하여 야곱은 "우리가 일어나 벧엘로 올라가자!"고 선언했다. 그저 벧엘로 가기만 하는 것이 아니라 가정의 신앙개혁을 단행했다. 야곱의 가족은 하나님을 섬긴다고 하면서도 이방신의 우상을 지녔다. 하나님을 믿는다고 하면서도 세상에 미련을 두고 살았다. 그렇게 하지 않으면 어딘가 불안했던 일종의 '양다리 걸치기'식 혼합주의가 야곱을 포함한 야곱 가족의 안타까운 신앙 상태였다.

당신의 우상을 버리고 회개하라.

하나님의 음성을 들은 야곱은 모든 가족에게 이방 신상을 버리라고 촉구하며 회개운동을 전개했다. 야곱은 집안사람들에게 이방 신상과 귀고리를 받아서 세겜 근처 상수리나무 아래에 묻었다. 세상 속에서 분주히 살아가며 잊고 있던 하나님, 환난 날에 응답하시고 인생길에 늘 함께하신 하나님과 다시 동행하기 위해서는 우상들을 버려야 한다. 자신에게는 어떤 우상들이 있는지 삶을 돌아보고 회개하는 일이 꼭 필요하다. 회개하며 하나님께 순종하는 사람들에게 하나님은 당면한 위기를 해소해주시고 보호의 은혜를 베풀어주신다.

하나님을 믿는다면서 포기하지 못하는 우리 삶의 '이방 신상'을 찾아봐야 한다. 하나님 나라와 의에 앞서는 것들은 모두 우리 삶의 우상이다. 성공하고픈 욕망이나 집착하는 것들이 있다면 주님께 내어놓고 회개해야 한다. 벧엘로 올라가 인생소명을 다시 한번 되새겨야 한다.

"환난 날에 부르면 건져주시겠다고 하신 하나님(시 50:15), 인생에서 겪는 위기의 순간에 기도하게 하시는 하나님을 의지합니다. 저도 야곱처럼 벧엘로 올라가 주님의 약속과 소명을 다시 한번 기억하게 하소서. 제 삶의 우상들을 제거하고 주님의 은혜를 입도록 인도해주소서."

15

>>> 창세기 36:1-3,6-8

에서와 같이 망령된 자가
없도록 살피라

에서는 태어나기 전 모태에 있을 때부터 쌍둥이 동생인 야곱을 섬길 것이라는 하나님의 말씀을 들었다(창 25:22-23). 동생에게 장자권을 판 후 아버지의 축복을 간절히 바랐지만 "너는 칼을 믿고 생활하겠고 네 아우를 섬길 것"이라는 복도 아닌 것 같은 복을 받았을 뿐이다(창 27:39-40). 야곱에 대한 기록만큼 상세하지는 않지만 에서의 삶에 대한 기록에서도 필요한 교훈을 얻을 수 있다.

야곱 집안의 기록에 앞서 창세기 36장은 에서의 족보를 기록하며 그의 삶을 평가하고 있다. "에서 곧 에돔의 족보는 이러하니라. 에서가 가나안 여인 중 헷 족속 엘론의 딸 아다와 히위 족속 시브온의 딸인 아나의 딸 오홀리바마를 자기 아내로 맞이하고 또 이스마엘의 딸 느바욧의 누이 바스맛을 맞이하였더니 …에서가 자기 아내들과 자기 자녀들과 자기 집의 모든 사람과 자기의 가축과 자기의 모든 짐승과 자기가 가나안 땅에서 모은 모든 재물을 이끌고 그의 동생 야곱을 떠나 다른 곳으로 갔으니 두 사람의 소유가 풍부하여 함께 거주할 수 없음이러라. 그들이 거주하는 땅이 그들의 가축으로 말미암아 그들을 용납할 수 없었더라. 이에 에서 곧 에돔이 세일산에 거주하니라"(창 36:1-3,6-8).

부모의 뜻을 따라 결혼하지 않다.

에서의 족보를 언급할 때 에서의 아내들에 대한 기록이 가장 먼저 나온다. 뒷날 주어진 율법에는 가나안 족속과 통혼해서 신앙적 유혹에 빠지지 말라는 규정이 있다(신 7:1-4). 에서는 마흔 살에 가나안 족속의 두 여인과 결혼했는데 가나안 여인들이 부모의 마음에 근심이 된 것을 알고 있었다(창 27:34-35). 이후에 에서는 야곱에게 축복을 빼앗긴 후 홧김에 할아버지 아브라함의 서자인 이스마엘의 후손을 아내로 맞이한다(창 28:8-9). 결혼하여 열두 명의 아들을 낳은 것이 야곱과 같았으나 언약을 계승하지는 못했다.

약속의 땅에서 멀어지다.

에서와 야곱, 두 사람이 소유한 가축이 많아 그 땅이 용납하지 못했다는 기록을 보면(7절) 아브라함과 조카 롯의 갈등이 생각난다. 먼저 선택하여 소돔 땅으로 간 롯이 약속의 땅과 멀어졌듯이 에서도 사해 동남쪽에 있는 세일산으로 떠나 거주하며 약속의 땅과 멀어졌다. 물론 하나님이 야곱에게 가나안 땅을 주기로 약속하셨으니(창 28:4) 에서가 세일산에 정착한 일은 갈등 없이 잘 정리된 모양새가 되었으나 약속의 땅에서 멀어진 사실도 분명해졌다.

야곱을 사랑하였고 에서를 미워하였으며…

특별한 에피소드는 거의 기록되지 않은 에서의 족보에 특이한 점이 있다. 이스라엘에 왕정제도가 생기기 전에 에돔 땅을 다스리던 왕들에 대한 기록이다. 세습되지 않은 세 왕이 그들의 도성, 아마도 왕의 도읍지를 건설했던 것을 짐작할 수 있다(31-39절). 마치 가인이 성을 쌓고 아들의 이름을 따라 에녹성이라고 이름 붙였던 일이 연상된다(창 4:17). 이렇게 나름의 세력을 형성한 에돔은 뒷날 이스라엘과 갈등을 빚고 전쟁을 벌이기도 한다. 출애굽 때도 에돔 왕은 형제 민족인 이스라엘 백성이 에돔 땅을 통과하지 못하게 막았다(민 20:14-21). 왕정시대에도 이스라엘과 에돔은 전쟁을 여러 차례 벌였다. 예수님이 탄생할 무렵 유대 땅을 다스리던 헤롯 왕은 동방박사가 찾아와 유대인의 왕이 태어났다고 하자 예수님을 죽이려고 했는데 그가 바로 에돔 사람이었다.

히브리서 기자는 한 그릇 음식을 위해 장자의 명분을 판 에서를 '망령된 자'라고 평가하고 있다(히 12:16). 세상의 가치를 추구하지 않고 '하나님 나라와 의'라는 참된 가치를 추구하는 삶을 살아야 한다.

 "택하심을 따라 야곱을 부르신 하나님, 저에게도 믿음을 주시고 구원의 은혜를 주시니 감사합니다. 세상 속에서 하나님의 사람으로 어떻게 살아야 할지 말씀을 통해 배우고 실천할 수 있게 인도해주소서."

결과와 과정도 중요하지만
의도도 중요하다.
바람직한 방법으로
하나님이 기뻐하실 성공을
꿈꾸어야 한다.

요셉이 그의 주인에게 은혜를 입어 섬기매 그가 요셉을
가정 총무로 삼고 자기의 소유를 다 그의 손에 위탁하니. 창 39:4

PART 5

그래도 무언가
이루어지고
있었다

거룩한 왕따!

2001년 말 파산 전까지 약 2만 명의 직원을 보유하고 2000년 매출 1,110억 달러를 달성한 미국 기업 엔론(Enron)사가 있었다. 경제지 〈포춘〉은 엔론을 6년 연속 미국에서 가장 혁신적 기업으로 선정하기도 했다. 그런데 이 기업이 분식 회계, 주가 조작, 내부자 거래, 탈세, 회계법인과 증권회사와 공모 등 다양한 방법으로 막대한 부채를 은닉하고 이익을 부풀렸음이 드러났다. 결국 케네스 레이 회장과 전 CEO 등 임직원 30여 명이 기소되었다. 한 책을 보다가 엔론 사태가 한 크리스천의 내부고발로 세상에 드러나게 되었음을 알았다. 이후 오랜 기간 법정 싸움으로 힘든 일을 겪는데, 그런 사실을 잘 알았으면서도 용기를 내었다고 한다.

요셉의 어린 시절에 대해 창세기 37장이 기록하고 있다. "야곱의 족보는 이러하니라. 요셉이 십칠 세의 소년으로서 그의 형들과 함께 양을 칠 때에 그의 아버지의 아내들 빌하와 실바의 아들들과 더불어 함께 있었더니 그가 그들의 잘못을 아버지에게 말하더라. 요셉은 노년에 얻은 아들이므로 이스라엘이 여러 아들들보다 그를 더 사랑하므로 그를 위하여 채색옷을 지었더니 그의 형들이 아버지가 형들보다 그를 더 사랑함을 보고 그를 미워하여 그에게 편안하게 말할 수 없었더라. …그의 형들이 세겜에 가서 아버지의 양 떼를 칠 때에 이스라엘이 요셉에게 이르되 네 형들이 세겜에서 양을 치지 아니하느냐. 너를 그들에게로 보내리라. 요셉이 아버지에게 대답하되 내가 그리하겠나이다"(창 37:2-4,12-13).

내부고발자 요셉

야곱목축(주)에서도 내부고발사건이 있었다. 요셉은 어린 시절에 형들과 함께 가업인 유목을 했다. 그때 요셉은 아버지의 첩인 빌하와 실바의 아들인 형들과 일했는데 그들의 잘못을 아버지에게 말씀드렸다. '고자질'을 했다고 생각할 수 있지만 오늘 우리 시대의 '내부고발'에 해당할 것이다. 아마 요셉의 형들은 그들이 하는 목축 일과 관련해 아버지를 속이고 돈을 떼어먹거나 손해가 난 것을 감추려 했을 듯하다. 그런 정직하지 못한 행동을 묵인하지 않고 아버지에게 알린 요셉의 행위는 의로웠다.

편애가 이 집안의 문제였다.

한편 야곱의 집안에는 구조적인 편애가 있었다. 아버지 야곱은 자식 중에서 사랑하는 여인 라헬에게서 태어난 요셉을 특별히 사랑했다. 그래서 열한 번째 아들인 요셉에게 장자의 상속권을 의미하는 '채색옷'을 지어 입혔다. 이런 아버지의 편애가 결국 요셉의 꿈 이야기와 더불어 형들이 요셉을 미워한 원인을 제공했다. 물론 아버지 야곱이 어린 요셉을 세겜까지 보내서 감독자 혹은 고발자의 역할을 하게 했기에 더욱 미웠을 듯하다.

'거룩한 왕따'를 당해도!

세상 속에서 살다 보면 크리스천이기에 별 이유도 없이 따돌림당하는 때도 있다. 직장인으로서 해야 할 일을 제대로 하지 않거나 잘못해서 당하는 어려움이라면 당연히 감수해야 한다. 하지만 요셉처럼 크리스천이기에 할 수 없는 일을 거절하여 어려움을 겪을 수 있다. 그렇다면 그것은 '거룩한 왕따'라고 할 수 있다. 우리의 일터에서 거룩한 따돌림당할 때 두려워하지 말아야 한다. 우리도 요셉처럼 어려움을 이겨낼 수 있다.

사람들로부터 따돌림을 당하고 있다면 그 이유가 무엇인지 잘 파악해야 한다. 요셉처럼 일터에서 특혜를 누리고 있는지도 살펴보아야 하겠다. 교회와 기독교인들이 잘못 행동하여 어려움을 겪을 수도 있다. 거룩한 따돌림을 당해도 크리스천의 정체성을 지키기 위해 노력해야 한다.

"공의로우신 하나님, 우리의 일터에도 하나님의 공의를 세워주소서. 부정과 불의가 점점 사라져 정직하고 의로운 일터가 되게 하여주소서. 거룩한 왕따를 두려워하지 않는 용기를 제게 주시어 저의 일터에서 하나님의 영광을 나타낼 수 있게 도와주소서."

>>> 창세기 37:5-11

무언가 이루어지고 있었다

대학에 들어갈 꿈을 가진 열여섯 살 소년이 있었다. 미국 웨스트 버지니아 햄프턴대학에 도착한 소년은 학장에게 찾아가 대학에서 공부할 수 있게 해달라고 간청했다. 학장은 흑인 소년에게 강당을 청소하라고 했다. 그러자 소년은 "주님, 제 꿈을 이루어주소서!"라고 기도하며 열심히 청소했다. 저녁에 학장이 와서 보니 청소 상태가 완벽했다. 소년은 두 번이나 강당 구석구석까지 청소했다. 입학 허가를 받은 소년은 후일 그 학교의 학장이 되었다. 그가 노예의 아들로 태어나 미국의 교육자와 연설가가 된 부커 워싱턴(Booker T. Washington)이다. 흑인의 경제 자립을 돕기 위한 터스키기기술학교도 설립했다.

요셉의 어린 시절의 이야기가 계속된다. "요셉이 꿈을 꾸고 자기 형들에게 말하매 그들이 그를 더욱 미워하였더라. 요셉이 그들에게 이르되 청하건대 내가 꾼 꿈을 들으시오. 우리가 밭에서 곡식 단을 묶더니 내 단은 일어서고 당신들의 단은 내 단을 둘러서서 절하더이다. 그의 형들이 그에게 이르되 네가 참으로 우리의 왕이 되겠느냐 참으로 우리를 다스리게 되겠느냐 하고 그의 꿈과 그의 말로 말미암아 그를 더욱 미워하더니 요셉이 다시 꿈을 꾸고 그의 형들에게 말하여 이르되 내가 또 꿈을 꾼즉 해와 달과 열한 별이 내게 절하더이다 하니라. 그가 그의 꿈을 아버지와 형들에게 말하매 아버지가 그를 꾸짖고 그에게 이르되 네가 꾼 꿈이 무엇이냐. 나와 네 어머니와 네 형들이 참으로 가서 땅에 엎드려 네게 절하겠느냐. 그의 형들은 시기하되 그의 아버지는 그 말을 간직해 두었더라"(창 37:5-11).

하나님이 주신 꿈, 요셉의 소명

요셉의 꿈은 하나님이 특별하게 그의 미래에 대해 알려주신 일종의 계시였다. 하나님은 꿈을 통해 요셉이 장차 하게 될 일을 알려주셨다. 아마도 요셉은 하나님이 자신에게 주신 꿈의 내용을 구체적으로 알지는 못했을 듯하다. 그러나 요셉은 분명히 하나님이 꾸게 하신 꿈을 가지고 있었다. 오히려 형이나 아버지와 같은 가족들이 요셉의 꿈에 대해 분명하게 깨닫고 화를 내며 반응했다. 요셉은 어린 시절부터 하나님이 꿈을 통해 보여주신 인생소명에 대해 분명히 확신하고 살아갈 수 있었다.

꿈을 굳이 말하지 않아도 되었을 텐데…

결과론이지만 요셉이 자신의 꿈을 형제들이나 부모에게 이야기하지 않았으면 더 좋았을지 모르겠다. 자신의 꿈으로 인해 주변 사람들이 부담스러워한다면 굳이 그 꿈을 알릴 필요는 없다. 처음에 꿈을 말했을 때 반응이 좋지 않았다면 두 번째 꿈을 꾸었을 때는 말하지 않아도 좋았을 텐데 요셉은 그러지 않았다. 꿈을 사람들에게 이야기하지 않는다고 하나님이 주신 꿈이 이루어지지 않는 것은 아니었다.

하나님이 꿈을 통해 보여주신 소명이 분명하다면 사람들에게 뻐기지 않아도 반드시 이루어진다.

답답해도 무언가 이루어지고 있었다.

요셉은 두 번이나 꿈을 꾸었다. 형들과 아버지의 반응을 보고 짐작했고 시간이 흐르며 그 꿈이 무엇을 뜻하는지 알아갔을 것이다. 그런데 요셉은 참 답답하지 않았을까? 하나님이 주신 꿈을 분명히 가지고 있는데 왜 형들에 의해 노예로 팔려 애굽으로 끌려가야 하는지 알 수 없었다. 하나님은 어디에 계시는지, 분명히 꿈을 꾸게 하셨는데도 왜 어려움을 겪을 때 막아주시지 않는지 답답하고 고통스러웠다. 그러나 중요한 사실이 있다. 그때에도 무언가 이루어지고 있었다.

요셉에게 꿈을 통해 소명을 주시고 인도하신 것처럼 우리를 향한 하나님의 계획도 차근차근 진행되고 있음을 기억해야 한다. 요셉처럼 답답하고 이해 안 되는 상황이 있어도 하나님이 우리의 인생도 섭리하심을 잊지 말아야 한다.

 "요셉에게 꿈을 주시고 인생을 이끌어가신 하나님, 저의 인생을 통해서도 의도하신 역사를 이루어주실 하나님을 제한하지 않게 저를 주장하여주소서. 답답해하기보다 오늘 주어진 일과 삶에 충실하며 침묵정진할 수 있도록 도와주소서."

>>> 창세기 37:8,18-20

03 네 꿈이 이루어지나 두고 보자

모두 그렇진 않지만 꿈이 큰 사람이 있다. 요즘에는 '버킷 리스트'를 작성해서 하나씩 이루어가는 낙으로 산다는 사람도 있다. 그런 사람이 주변에 있다면 공감하고 격려해주는가, 아니면 '정신차리라'거나 '나대지 말라'고 충고하는가? 요셉은 큰 꿈을 가지고 주변에도 드러내 표현하는 사람이었다. 하나님이 요셉에게 꿈을 주셨다. 그런데 형들이 요셉의 꿈에 대해서 보이는 반응을 살펴봐야 한다.

요셉의 꿈에 대한 형들의 반응에서도 교훈을 얻을 수 있다. "그의 형들이 그에게 이르되 네가 참으로 우리의 왕이 되겠느냐. 참으로 우리를 다스리게 되겠느냐 하고 그의 꿈과 그의 말로 말미암아 그를 더욱 미워하더니 …요셉이 그들에게 가까이 오기 전에 그들이 요셉을 멀리서 보고 죽이기를 꾀하여 서로 이르되 꿈꾸는 자가 오는도다. 자, 그를 죽여 한 구덩이에 던지고 우리가 말하기를 악한 짐승이 그를 잡아먹었다 하자 그의 꿈이 어떻게 되는지를 우리가 볼 것이니라 하는지라"(창 37:8,18-20).

"네가 참으로 우리의 왕이 되겠느냐?"

어린 시절 요셉은 꿈을 꾸고는 그 꿈을 마음속에 간직해 두지 않았다. 추수하는 들판에서 곡식 단을 묶는데 형들이 묶은 곡식 단이 요셉이 묶은 곡식 단을 향해서 절을 했다고 한다. 기분이 나빠진 형들이 그러면 요셉이 그들의 왕이 되어 다스리겠냐고 물었다. 비아냥거리며 비웃은 말이었지만 요셉의 꿈은 나중에 현실이 되었다(창 42:6,9). 당시 형들에게 있어서 요셉의 꿈 이야기는 단지 자신들을 밟고 올라서고 싶어 하는 어린 동생의 버릇없는 도발이었다. 아버지의 총애를 가로채고 장남의 대접을 받는 동생을 향한 시기심을 꿈 이야기가 자극했다.

당신의 관심사는 무엇인가?

형들이 가졌던 요셉의 꿈에 대한 주된 관심사는 요셉의 꿈이 과연 이루어지는지 두고 보자는 것이었다. 요셉의 형들은 자신들의 꿈에는 관심이 없었다. 꿈이 없는 사람은 대개 다른 사람들의 꿈에나 관심을 보인다. 꿈을 말하는 사람의 뭔가 으스대는 듯하고 건방져 보이는 태도가 아니꼬운 것은 이해된다. 그런데 요셉의 형들처럼 반응할 필요가 있을까? 요셉의 형들은 요셉의 꿈에 대해 손뼉 쳐주고 격려해줄 생각은 아예 하지 못했다. 요셉을 죽여 없애면 과연 그 꿈이 이루어지는지 두고 보자며 이를 갈았다.

꿈이라곤 없는 자들

꿈꾼 사람 요셉과 그 형들에 대해 꼭 기억할 사실이 있다. 형들은 요셉이 소명의 삶을 살며 꿈을 이루는 과정에서 들러리였다. 열 명의 형은 자신들을 감시하러 온 요셉이 미워 죽이려다가 노예로 팔았다. 그런데 나중에 형들은 요셉의 꿈 때문에 기근 속에서 생존할 수 있었다. 요셉의 형들과 같은 사람을 가리켜 이렇게 말한다. "꿈이라곤 없는 자들!" 요셉의 형들이 한 의미 있는 일이 있다. 그것은 꿈꾸는 요셉의 별명을 지어주는 일이었다. "꿈꾸는 자가 오는도다." 그러나 꿈꾸는 자가 결국 세상을 복되게 한다. 꿈꾸는 사람, 꿈이 큰 사람을 비웃지 말아야 한다. 우리도 예외 없이 하나님이 주신 꿈, 세상을 복되게 하고 세상 사람들을 살리고 하나님 나라를 이 땅에 임하게 하는 멋진 꿈을 꾸어야 한다.

꿈이 분명하고 큰 꿈을 가져야만 하나님이 주신 인생소명을 이룰 수 있는 것은 아니다. 그러나 우리에게도 하나님이 주신 인생소명이 분명하게 있다. 하나님이 우리의 인생을 통해 이루어 가시는 하나님의 비전을 성취하는 사람이 되기 위해 노력해야 한다.

"사랑하시는 하나님 아버지, 요셉이 하나님이 주신 꿈을 꾸고 하나님이 주신 소명을 평생 추구했던 일을 통해 배우게 인도해주소서. 저도 일터현장에 하나님 나라가 임하게 하는 소명을 이룰 수 있게 도와주소서."

04 꿈꾸는 자, 사소한 일도 성실하게

영국의 대문호 셰익스피어가 식당에 들어갔는데 사람들이 와서 정중히 인사했다. 그러자 현관을 청소하던 식당의 한 종업원이 빗자루를 땅에 던진 채 땅이 꺼질 듯한 한숨을 내쉬었다. 그 모습을 본 셰익스피어가 그를 불러 물었더니 자기도 선생과 똑같은 사람인데 선생은 많은 사람의 존경을 받는다고 했다. 자신은 식당 청소나 하고 있어 한심스러워 한숨이 절로 나온다고 말했다. 그러자 셰익스피어가 말했다. "친구여, 한탄하지 마시오. 그대와 나는 같은 일을 하고 있소. 나는 펜으로 하나님이 지으신 우주의 한 부분을 표현하고 있고, 그대는 지금 하나님이 지어 놓으신 이 세계의 한 모퉁이를 깨끗하게 하는 책임을 다하고 있소. 만일 그대가 귀한 사명을 감당하지 않으면 하나님이 창조하신 지구의 한 모퉁이는 더러워지지 않겠소?"

요셉이 얼마나 성실하게 일했는지 살펴볼 수 있다. "그의 형들이 세겜에 가서 아버지의 양 떼를 칠 때에 이스라엘이 요셉에게 이르되 네 형들이 세겜에서 양을 치지 아니하느냐. 너를 그들에게로 보내리라. 요셉이 아버지에게 대답하되 내가 그리하겠나이다. 이스라엘이 그에게 이르되 가서 네 형들과 양 떼가 다 잘 있는지를 보고 돌아와 내게 말하라 하고 그를 헤브론 골짜기에서 보내니 그가 세겜으로 가니라. 어떤 사람이 그를 만난즉 그가 들에서 방황하는지라. 그 사람이 그에게 물어 이르되 네가 무엇을 찾느냐. 그가 이르되 내가 내 형들을 찾으오니 청하건대 그들이 양치는 곳을 내게 가르쳐주소서. 그 사람이 이르되 그들이 여기서 떠났느니라. 내가 그들의 말을 들으니 도단으로 가자 하더라 하니라. 요셉이 그의 형들의 뒤를 따라 가서 도단에서 그들을 만나니라"(창 37:12-17).

쉽지 않은 심부름도 마다하지 않는 요셉

야곱은 아들 요셉에게 언제나 양 치는 일을 하게 하지는 않았지만 열 명의 형들이 양을 치는 곳으로 심부름을 보냈다. 요셉이 살던 헤브론에서 형들이 간 세겜까지의 거리는 지도상 직선거리로만 80km가 넘었다. 구불구불하고 구릉이 많은 산악지형으로 100km나 되었다. 열일곱 살 소년이 짐을 들고 걸어가면 족히 닷새 이상은 걸렸다. 그런 멀고 위험한 심부름을 시켰는데도 요셉은 기꺼이 순종했다.

또다시 집과 반대 방향으로 가야 한다면…

며칠을 노숙하며 걸어간 요셉이 드디어 세겜에 도착했다. 그런데 형들이 보이지 않아서 세겜 들과 골짜기를 삳샅이 뒤지며 헤맸다. 한 사람이 요셉에게 형들은 도단으로 떠났다고 알려주었다. 그런데 세겜에서 도단까지의 거리도 만만치는 않았다. 직선거리로 25km, 산악지형 30km였으니 하루 만에 가기도 벅찬 길이었다. 그래도 요셉은 포기하지 않았다. 도단까지 갔다가 헤브론으로 돌아가려면 적어도 사나흘은 더 걸려야 했다. 그래도 요셉은 아버지의 심부름을 제대로 하려고 애썼다.

껄끄러운 일이라도 포기하지 않고…

더구나 이번 심부름도 그리 기분 좋은 일은 아니었음을 요셉 자신도 잘 알고 있었다. 예전에 빌하와 실바의 아들들이 일하던 곳으로(창 37:2) 일종의 '감시' 목적으로 아버지가 요셉을 심부름 보냈다. 그리 내키지 않고 부담스러운 심부름이었는데도 요셉은 기꺼이 갔고, 중도에 포기하지도 않았다. 하나님이 주신 꿈을 가진 요셉은 이렇게 자신에게 주어진 일, 사소한 일이라고 할 수 있을 만한 일도 성실하게 감당했다.

능력보다 일하는 태도, 즉 성실함이 일하는 사람에게 더욱 중요하다. 우리가 일할 때도 윗사람이나 동료, 아랫사람에게도 요셉처럼 신임받을 만한 책임감과 성실함으로 인정받아야 한다.

"하나님, 요셉의 성실함을 통해 배울 수 있게 도와주소서. 꿈을 가진 자에게 요구되는 성실한 땀을 흘리며 노력하겠습니다. 성실함으로 하나님이 제게 주신 인생소명에 충실할 수 있도록 인도해주소서."

>>> 창세기 38:24-26

그는 나보다 옳도다!
: 유다의 탄식

창세기 37장 끝부분을 보면 요셉이 형들에게 팔려 애굽으로 갔다. 그런데 갑자기 38장에서 요셉의 형 유다와 며느리 다말의 불미스러운 일에 대한 기록이 나와 의아할 수 있다. 그러나 창세기 37장 2절에 보면 '야곱의 족보'를 시작하고 있다. 야곱과 후손들의 이야기를 다루면서 야곱의 아들 유다에 대한 기록이 있는 것은 이상하지 않다. 유다의 이야기가 여기에 등장하는 중요한 의미가 있다.

또한 우리는 유다의 행동을 통해서도 교훈을 얻을 수 있다. "석 달쯤 후에 어떤 사람이 유다에게 일러 말하되 네 며느리 다말이 행음하였고 그 행음함으로 말미암아 임신하였느니라. 유다가 이르되 그를 끌어내어 불사르라. 여인이 끌려나갈 때에 사람을 보내어 시아버지에게 이르되 이 물건 임자로 말미암아 임신하였나이다. 청하건대 보소서. 이 도장과 그 끈과 지팡이가 누구의 것이니이까 한지라. 유다가 그것들을 알아보고 이르되 그는 나보다 옳도다. 내가 그를 내 아들 셀라에게 주지 아니하였음이로다 하고 다시는 그를 가까이하지 아니하였더라"(창 38:24-26).

유다와 다말의 갈등에서 엿보는 아브라함의 언약

예수님의 족보에 등장하는 몇 명의 여인 중 하나가 유다의 며느리 다말이다. 다말의 남편 엘이 하나님 앞에 죄를 지어 죽었다. 동생 오난이 대를 잇기 위해 형수와 동침했으나 하나님의 뜻을 어겨 죽는 바람에 다말은 과부로 지냈다. 이후 유다는 셋째 아들 셀라가 장성했는데도 또 죽을까 두려워 다말에게 의무를 다하도록 하지 않았다. 그러자 다말은 가나안 이방 성소의 창녀처럼 꾸며 유다와 관계를 가져 임신했다. 다말이 왜 이렇게 후손을 얻기 위해 집착했을까? 유다는 두 아들의 죽음 때문인지 하나님이 아브라함에게 주신대로, 후손을 통해 큰 민족을 이루시려는(창 12:2) 언약의 성취를 막은 셈이다. 반면 다말은 후손을 얻어 가문을 이어가려고 노력했다. 결국 "땅의 모든 족속이 너로 말미암아 복을 얻을 것"(창 12:3)이라는 아브라함 언약의 성취에 다말이 이바지했다.

"그는 나보다 옳도다!"

다말이 임신했다는 말을 들었을 때 유다는 자기 잘못은 전혀 짐작도 못 하고 음행을 저지른 며느리 다말을 불태워 죽이라고 했다. 그러자 다말이 유다에게 받은 도장과 끈과 지팡이를 보였다. 하룻밤 관계의 대가로 준 자신의 소유물을 받아본 유다는 어떤 마음이었을까? "그는 나보다 옳도다. 내가 그를 내 아들 셀라에게 주지 아니하였음이로다"(26절). 결국 다말을 불태워 죽여야 한다면 유다 자신도 마땅히 죽어야 했다. 유다는 자신의 이 뼈아픈 잘못을 인정하고 다시는 다말을 가까이하지 않았다. 하나님은 이런 부적절한 관계를 통해 태어난 자식도 예수님의 계보 속에 포함시키셨다. 한 사람의 치명적 잘못을 통해서도 하나님이 일하심을 확인한다. 또한 유다의 잘못을 타산지석으로 삼아야 한다. 어떤 일에 대해 남을 비난하는 손가락을 보면 검지는 분명하게 상대방을 향하고 있다. 그런데 검지 아래의 세 손가락은 누구를 향하고 있는가?

유다는 요셉을 노예로 팔자고 제안해서 돈을 받았고, 음행한 며느리를 불태워 죽이라고 명령할 정도로 비정했다. 그러나 뒷날에는 애굽 총리 요셉에게 베냐민을 풀어주고 대신 자신이 종이 되게 해달라고 한 마음 따뜻한 사람이 되었다. "그는 나보다 옳도다"라고 자신의 치명적 죄를 인정하여 회개한 후 유다의 인격이 변했다.

"죄인들을 용서하시는 하나님, 일하면서 남을 비난하려는 태도를 보고 저 자신이 놀랍니다. 남의 잘못을 비난하기 이전에 먼저 저의 모습을 보고 회개합니다. 회개하는 자에게 임하는 은혜를 기억하며 진심으로 돌이키고 변화된 삶을 살아가게 인도해주소서."

너는 일터에서 복이 될지라

창세기 39장에 보면 애굽 왕 바로의 친위대장 보디발의 집이 하나님의 복을 받았다. 보디발 때문이었을까? 그는 애굽 제국을 위해 이웃 나라를 정복하면서 살육의 피를 손에 묻히는 사람이었다. 그의 아내는 노예를 유혹하고 모함하는 요부였다. 그 집이 복 받을 이유는 전혀 없었다. 하나님이 보디발 집에 복을 주신 때는 요셉이 그 집안 살림을 책임지고 난 이후였음을 보디발도 확인했다.

요셉은 일터에서 아브라함 언약 속의 복을 실현했다. "요셉이 이 끌려 애굽에 내려가매 바로의 신하 친위대장 애굽 사람 보디발이 그를 그리로 데려간 이스마엘 사람의 손에서 요셉을 사니라. 여호와께서 요셉과 함께하시므로 그가 형통한 자가 되어 그의 주인 애굽 사람의 집에 있으니 그의 주인이 여호와께서 그와 함께하심을 보며 또 여호와께서 그의 범사에 형통하게 하심을 보았더라. 요셉이 그의 주인에게 은혜를 입어 섬기매 그가 요셉을 가정총무로 삼고 자기의 소유를 다 그의 손에 위탁하니 그가 요셉에게 자기의 집과 그의 모든 소유물을 주관하게 한 때부터 여호와께서 요셉을 위하여 그 애굽 사람의 집에 복을 내리시므로 여호와의 복이 그의 집과 밭에 있는 모든 소유에 미친지라"(창 39:1-5).

요셉은 어떻게 일했기에 성공했나?

요셉은 도대체 어떻게 일했기에 노예로 팔려 와서 주인에게 인정받을 수 있었을까? 성경에서 각각 두 번씩 반복해 표현하는 단어가 단서를 제공한다. 하나님이 요셉과 '함께' 하셨고, 요셉이 '형통한' 자가 되었다(2절). 하나님께서 함께하심이 요셉이 형통하게 된 원인이라고 한다. 특히 주인 보디발이 요셉에게 하나님이 함께하심을 보았고 범사에 형통하게 하심을 보았다는 기록이 선명하게 다가온다. 일터에서 성공하는 비결이 하나님이 함께하시는 것임을 알 수 있다. 일터에서, 특히 윗사람이 보기에 하나님이 함께하셔서 성공하는 것은 어떤 것인지 구체적으로 확인할 수 있다.

당신의 일터에서 복덩이가 되라.

요셉이 승진하여 친위대장 보디발의 집 모든 일을 주관하는 총무의 역할을 했을 때 하나님이 함께하시는 성공이 어떤 것인지 분명하게 알려준다. 하나님이 요셉을 위해 그가 일하는 집에 복을 내리셨는데 성경은 이렇게 표현한다. "여호와의 복이 그의 집과 밭에 있는 모든 소유에 미친지라"(5절). 직장상사 보디발이 볼 때 요셉이 책임을 맡은 때부터 구체적인 성과가 나타났다. 요셉의 업무는 크게 두 가지였다. '집안일'과 '밭일'이었다. 보디발은 요셉이 책임 맡은 이후 집안 관리가 제대로 되었고 밭작물의 생산량도 많아져서 재정수입도 늘었음을 확인했다. 예를 들어 도망가는 노예들이 줄고 효율적으로 가사노동이 분담되었다. 또한 노예 노동력을 활용해 농사를 지어 창고에 잘 저장했다가 좋은 가격으로 판매하여 수익이 늘어났다. '집과 밭에 있는 모든 소유'에 구체적으로 매출의 증가나 성장의 지표가 나타났다. 이것은 요셉이 일할 때 탁월함을 발휘해 성과가 분명했다는 점을 잘 보여준다. 동시에 일찍이 아브라함에게 주신 언약이 실제로 이루어진 일이기도 하다. "너는 복이 될지라. 땅의 모든 족속이 너로 말미암아 복을 얻을 것이라"(창 12:2-3).

"왜 내가 일하는 곳에는 '보디발'과 '그의 아내'가 그리도 많으냐?"고 불평하지 말아야 한다. 요셉처럼 일터에서 복덩이가 되어야 한다. 나로 인해 사람들이 복 받고 우리 일터가 복을 얻도록, 굴러들어온 복덩이가 되기 위해 노력해야 한다.

"세상에 복을 주기 원하시는 하나님, 제가 일터에서 부담스러운 존재가 되지 않고 꼭 필요한 사람이 되게 인도하여 주소서. 요셉처럼 일터에서 복이 되어 사람들과 일터를 복되게 할 수 있게 도와주소서."

>>> 창세기 39:4-5,20-23

요셉의 별명 : 어딜 가나 총무

전에 한 회사의 총무팀에서 일하는 직원이 자신은 하고 싶은 일을 하지 못해 아쉽다면서 이렇게 말했다. "총무팀에서 제가 하는 일은 저만 하는 일이 아니라 누구나 할 수 있는 일이라 무시당하는 것 같고 답답합니다. 해도 별로 표가 안 나고, 안 하면 금방 표가 납니다." 가만히 들어보니 총무팀에서 자신이 하는 일을 잘 정의했다. 총무팀에서 하는 일들이 꼭 필요한 일이지만 눈에 잘 띄지 않는 일이 많다. 교회에 다니지 않아서 성경 이야기를 잘 모르는 형제였지만, 그때 요셉의 이야기를 해주었다.

꿈꾸는 사람 요셉은 자신이 원해서 한 일은 없었는데 과연 어떻게 일했을까? "요셉이 그의 주인에게 은혜를 입어 섬기매 그가 요셉을 가정총무로 삼고 자기의 소유를 다 그의 손에 위탁하니 그가 요셉에게 자기의 집과 그의 모든 소유물을 주관하게 한 때부터 여호와께서 요셉을 위하여 그 애굽 사람의 집에 복을 내리시므로 여호와의 복이 그의 집과 밭에 있는 모든 소유에 미친지라. …이에 요셉의 주인이 그를 잡아 옥에 가두니 그 옥은 왕의 죄수를 가두는 곳이었더라.

요셉이 옥에 갇혔으나 여호와께서 요셉과 함께하시고 그에게 인자를 더하사 간수장에게 은혜를 받게 하시매 간수장이 옥중 죄수를 다 요셉의 손에 맡기므로 그 제반 사무를 요셉이 처리하고 간수장은 그의 손에 맡긴 것을 무엇이든지 살펴보지 아니하였으니 이는 여호와께서 요셉과 함께하심이라. 여호와께서 그를 범사에 형통하게 하셨더라" (창 39:4-5,20-23).

요셉은 '어딜 가나 총무'였다.

요셉은 가는 곳마다 총무 역할을 했다. 목동 시절에도 요셉은 집안의 일을 맡아 관리하도록 아버지가 임명한 '비밀 총무'였다. 아버지를 등에 업은 요셉은 형들이 일하면서 저지른 과실도 그냥 봐주지 않고 다 일러바쳤다. 애굽에 노예로 팔려가 친위대장 보디발의 집에서 일할 때도 성실하게 일해서 가정총무가 되었다. 집안의 모든 일을 책임졌고 보디발은 자기 음식 외에는 간섭하지 않고 요셉에게 다 맡겨 관리하게 했다.

감옥에서도 총무가 되다.

그러다가 어느 날 요셉은 직장상사 아내 강간 미수라는 모함을 받아 왕의 죄수들이 갇히는 옥에 갇혔다. 옥에 갇혔지만 하나님이 여전히 요셉과 함께하셨고 옥에서도 간수장의 신임을 얻어 총무의 역할을 했다. 간수장이 옥중 죄수를 다 요셉의 손에 맡겼고 아예 간섭하거나 살펴보지 않을 정도였다. 이 간수장은 이미 보디발의 집에서 함께 일하던 요셉을 잘 알고 있었다. 보디발 친위대장이 주관하는 주간회의 때 늘 만나던 '동료 팀장' 사이였을 거라고 상상해본다. 간수장은 요셉이 겪은 모함의 자초지종을 알고 있었고 요셉이 어떻게 일하던 사람인지도 알고 있었다.

애굽 제국의 총무가 되다.

어떤 곳을 가든지 요셉은 자기가 속한 조직의 크고 작은 일을 챙기고 다니느라 바빴다. 누가 임명하거나 시키지 않아도 기꺼이 감당했다. 요셉은 어딜 가나 총무 역할을 했고 그로 인해 인정받았다. 그렇게 어디서나 총무 역할을 하다 보니 결국 요셉은 '나라 총무'가 되었다. 세계 최강제국 애굽의 국무총리가 되었다. 애굽의 총리가 되었을 때도 요셉은 주인의식을 가지고 제국의 전반을 책임지는 '총무'의 역할을 감당했다(창 41:40-41). 요셉의 직업 경력은 이렇게 총무로 시작해서 총무로 마쳤다. 사람들이 지켜보는 모습뿐만 아니라 하나님이 보실 때도 요셉은 멋진 총무였다.

이것저것 다 해야 하고 일반적인 일을 한다는 의미에서 직장인이라면 '총무'라는 역할과 과정을 다 거친다. 동료들이 하기 싫어하는 뒤치다꺼리도 의미 있는 일이며 동료들이 지켜보고 하나님이 평가하실 일이다. 요셉처럼 총무의 역할을 잘 감당해야 한다.

"일터에서 일할 기회를 주신 하나님, 은혜에 감사합니다. 오늘 제게 맡겨진 일에 최선을 다하겠습니다. 주인의식과 성실함으로 하나님 나라를 우리 일터에 임하게 하는 귀한 일에 쓰임받을 수 있게 도와주소서."

>>> 창세기 39:10-13

08

유혹받을 때 외치라. "그만!"

예전에 신학교에 다닐 때 수업시간에 한 교수님께 들었다. 서울의 한 큰 교회의 유치부를 섬기는 목사님이 창세기를 연속으로 설교하다가 요셉의 이야기 중 요셉이 유혹받는 부분은 그냥 지나치려고했다. 그런데 이후 요셉의 감옥생활을 설명하려면 유혹 장면을 빠뜨릴 수 없었다. 어떻게 설명할까 고민하다가 아이들에게 이렇게 설교했다. "어느 날 보디발 장군의 아내가 요셉을 보고 이렇게 말했어요. '요셉아, 요셉아, 우리 오늘은 침대에서 놀래?'" 그랬더니 예닐곱 살된 유치부 아이들이 책상을 치고 발을 구르며 웃었다. 침대에서 노는것이 뭔지 그 정도는 잘 안다는 뜻이었다.

심각한 비정상적 성문화로 성적 유혹에 맞서는 일도 절대 쉽지않은 시대에 요셉에게 배울 수 있다. "여인이 날마다 요셉에게 청하였으나 요셉이 듣지 아니하여 동침하지 아니할 뿐더러 함께 있지도아니하니라. 그러할 때에 요셉이 그의 일을 하러 그 집에 들어갔더니그 집 사람들은 하나도 거기에 없었더라. 그 여인이 그의 옷을 잡고이르되 나와 동침하자. 그러나 요셉이 자기의 옷을 그 여인의 손에 버려두고 밖으로 나가매 그 여인이 요셉이 그의 옷을 자기 손에 버려 두고 도망하여 나감을 보고"(창 39:10-13).

일터에서 겪을 수 있는 성적 유혹

요셉의 경우와 같이 상사의 아내로부터 받는 성적 유혹은 오늘 우리의 일터를 고려할 때 그리 흔하지는 않다. 한편 남성 상사 여성 아랫사람이라는 일반적 관계만이 아니라 예측하지 못한 관계나 상황 에서도 성적 유혹을 받을 수 있다는 경고로 받으면 좋다. 성적 유혹 은 전혀 예상하지 못하는 상황도 있고 피하기도 힘든 상황이 생길 수 있으니 나는 성적 유혹과 거리가 멀다는 생각은 위험한 착각이다. 요 셉은 상사의 아내가 집요하게 유혹할 때 함께 있지도 않으며 피했지 만 상황을 만들어 놓고 적극적으로 유혹하는 여인을 피하기는 힘들 었다. 여인이 옷을 붙잡았을 때 요셉은 옷을 버려둔 채 도망쳤다. 차 라리 옷을 팽개칠지언정 양심을 팽개치지는 않았다. 당시 노예가 주 인의 아내를 범하려고 시도하기만 해도 사형임을 요셉이 모르지도 않았다.

'그만 요법'으로 유혹을 이기는 비결

요셉은 유혹받는 순간 하나님 앞에 죄를 짓지 않기 위해 분명하 게 거절했다. 집안의 모든 것을 마음대로 할 수 있지만 주인이 아내 인 당신만은 금했다고 단호하게 말했다. "그런즉 내가 어찌 이 큰 악 을 행하여 하나님께 죄를 지으리이까?"

유혹받을 때 요셉은 "그만!"(Stop!)이라고 소리쳤다. 자신을 향한 경고이기도 했다. "요셉아, 하나님이 금하신 것이다. 그만해라! 그만해!" 이렇게 유혹받을 때 우리가 "그만"이라고 소리치는 것은 이런 축사(逐邪)의 기도를 줄인 필사적 외침이기도 하다. "내가 나사렛 예수 그리스도의 이름으로 네게 명하노니 내게서 악한 생각과 악한 행동을 하게 하는 사탄아, 물러갈지어다!" 우리도 유혹받을 때 "그만!"이라고 단호하게 소리쳐 기도하며 성령님을 의지해 악한 사탄의 유혹과 맞서야 한다. 우리를 위해 돌아가신 예수님의 보혈을 의지할 때 유혹을 이겨낼 믿음과 용기를 하나님이 주신다.

일터에서 성적 유혹을 받을 만한 상황을 만들지 않고 적극적으로 피해야 한다. 예상하지 못한 돌발 상황이 닥치면 요셉처럼 도망쳐야 한다. 하나님의 말씀을 의지하고 치명적인 유혹 앞에 강력하게 대응한 용기를 요셉에게 배울 수 있다.

"악한 세상에서 거룩하게 살기 원하시는 하나님, 정결한 자, 순결한 자가 하나님께 쓰임받을 수 있는 일꾼임을 깨닫게 해주소서. 저의 의지력이나 절제함으로 유혹을 이길 수 없습니다. 예수님의 능력을 의지하며 유혹을 이겨낼 수 있게 도와주소서."

>>> 창세기 39:7-9

09 치명적 유혹을 이길 힘은?

토마스 만의 소설 「요셉과 그 형제들」에 야곱이 아들 요셉에게 애굽의 음란한 성문화를 지적하며 교육하는 장면이 나온다. "…기분이 내키면 이웃 사람 침상 옆에 잠자리를 펴고, 서로 여자를 바꾸기도 한다. 또 어떤 여자가 시장에 나갔다가 한 청년을 보고 욕정을 느끼면 그와 동침하는 일도 예사라더구나." "이런 풍습을 내 아들은 옳다고 보느냐?" 아버지의 걱정에 소년 요셉은 샐쭉하긴 했지만 아버지의 말씀에 수긍한다(「요셉과 그 형제들(1권)-야곱 이야기」, 살림 펴냄, 156-157쪽).

요셉이 치명적인 유혹을 이겨낼 힘을 발견할 수 있다. "그 후에 그의 주인의 아내가 요셉에게 눈짓하다가 동침하기를 청하니 요셉이 거절하며 자기 주인의 아내에게 이르되 내 주인이 집안의 모든 소유를 간섭하지 아니하고 다 내 손에 위탁하였으니 이 집에는 나보다 큰 이가 없으며 주인이 아무것도 내게 금하지 아니하였어도 금한 것은 당신뿐이니 당신은 그의 아내임이라. 그런즉 내가 어찌 이 큰 악을 행하여 하나님께 죄를 지으리이까"(창 39:7-9).

말씀 : 치명적 유혹을 이겨낼 힘

요셉이 치명적인 유혹을 이겨낸 원동력은 바로 하나님의 말씀이었다. 말씀 외에 우리가 세상에서 받는 유혹을 이겨내는 방법은 없다. 시편 기자가 말한다. "청년이 무엇으로 그의 행실을 깨끗하게 하리이까. 주의 말씀만 지킬 따름이니이다"(시 119:9). 요셉은 말씀의 능력에 자신의 모든 것을 맡겼다. 보디발의 아내와 실랑이를 벌이다 도망치며 요셉은 자포자기했을 듯하다. "하나님, 마음대로 하십시오. 저는 이제 모릅니다!" 물론 확신은 있었다.

족장 후보 요셉, 말씀으로 훈련받다

요셉은 아버지 야곱에게 수없이 들어서 외우다시피 한 말씀을 마음속에 간직하고 있었다. 야곱은 아들 요셉에게 수시로 말씀을 교육했다. 또한 야곱 가족이 밧단아람 외할아버지 댁에서 돌아온 후에도 여전히 생존했던 할아버지 이삭도 족장 후보인 손자 요셉에게 말씀을 들려주었을 것이다. 구전된 그 말씀을 요셉은 듣고 또 들었다. 요셉이 반복해서 들었던 이야기 중에는 할아버지 이삭이 블레셋 땅에서 자기 아내를 누이라고 하여 아내를 빼앗길 뻔했던 이야기도 있었다(창 26:6-11). 이삭은 아마도 그 이야기를 할 때 부끄러워 얼굴을 붉히면서도 요셉의 인생에 중요한 교훈이 될 것을 기대하면서 빠뜨리지 않고 반복해 이야기했을 듯하다.

반복해서 말씀 훈련을 계속하라

또한 이 집안에는 거짓말 '가족력'이라도 있었는지, 증조할아버지 아브라함은 애굽과 블레셋 땅에서 두 번이나 아내를 누이라고 거짓말했다. 만약 아브라함이나 이삭이 아내들을 이방 왕들에게 빼앗겼다면 가정의 순결이 깨어졌을 것이다. 이 사실을 아는 요셉은 보디발 아내의 요구에 응할 수 없었다. 남의 아내와 간통하는 범죄는 하나님이 짝지어주신 부부관계의 언약을 깨는 일이다. 요셉은 첫 번 결혼식 주례사 내용도 알고 있었다. "남자가 부모를 떠나 그의 아내와 합하여 둘이 한 몸을 이룰지로다"(창 2:24). 합하여 한 몸을 이루는 부부는 성관계를 포함한 언약적 결합으로 부부가 된다. 요셉은 반복해서 말씀을 들어 이런 사실을 잘 알고 있었다. 하나님의 말씀이 우리가 겪는 각종 유혹을 이길 힘을 준다.

요셉이 듣고 또 들어 외우다시피 하던 하나님의 말씀 구석구석 여러 곳을 살펴보면 보디발 아내의 유혹은 하나님께 너무도 큰 죄악이었다. 우리도 말씀을 읽고 듣고 묵상하고 암송하여 삶의 지침으로 삼아야 한다. "내가 주께 범죄하지 아니하려 하여 주의 말씀을 내 마음에 두었나이다"(시 119:11).

"인생의 지침인 말씀을 주신 하나님, 일터에서 겪는 수많은 유혹의 현장에서 요셉처럼 하나님을 의식하는 믿음을 주소서. 죄의 유혹에 빠지지 않도록 도와주시기 원합니다. 말씀대로 용기 있게 실천할 수 있게 인도해주소서."

>>> 창세기 39:4,22-23

시대가 요구하는 전문만능인

〈TRAINING〉이라는 미국 잡지에 'Specialized generalist'라는 표현이 들어간 제목의 칼럼이 있었다. 번역하면 '전문만능인' 쯤 될 텐데, 'T형 인재'라고 표현할 수도 있다. T자의 아래로 내려가는 획은 직업적 전문성이다. T자의 옆으로 가는 획은 팀워크능력, 리더십, 인성, 취미생활, 개인기 등 업무 외적인 능력을 말한다. '경영학의 아버지'로 불리는 피터 드러커는 30여 권의 책을 썼는데, 주로 경영학과 연관된 책들이었다. 그런데 드러커는 과거 자신이 신문기자로 여러 주제의 글을 써야 했기 때문에 3~4년마다 다른 주제를 택해서 공부하는 것을 70년 가까이 했다고 한다. 그 과목으로는 통계학, 중세역사, 일본 미술, 경제학 등 매우 다양했다. 이 분야에서도 여러 권의 책들을 남겼다.

전문만능인 요셉의 면모를 창세기 39장에서 확인할 수 있다. "요셉이 그의 주인에게 은혜를 입어 섬기매 그가 요셉을 가정총무로 삼고 자기의 소유를 다 그의 손에 위탁하니 …간수장이 옥중 죄수를 다 요셉의 손에 맡기므로 그 제반 사무를 요셉이 처리하고 간수장은 그의 손에 맡긴 것을 무엇이든지 살펴보지 아니하였으니 이는 여호와께서 요셉과 함께하심이라. 여호와께서 그를 범사에 형통하게 하셨더라"(창 39:4, 22-23).

전문만능인 요셉

'총무' 요셉에서 확인한 대로 요셉은 자기 분야에서 전문성을 가지고 능력을 발휘하다가 총무, 즉 관리자가 되었다. 친위대장 보디발의 집에서 노예로 일을 시작하면서 자신의 전문분야를 익혔다. 그리고 가정총무가 되면서 모든 분야를 총괄할 수 있었다. 집안의 작은 일부터 인사관리, 재무관리 등 저택의 집사가 하던 일들을 감당했다. 감옥에서도 간수들이 해야 하는 모든 업무를 책임지고 간수장이 모든 것을 맡길 정도로 책임감 있게 일했다. 이런 전문화된 만능인으로 훈련받은 요셉이 당시 최대최강제국 애굽의 총리대신이 되었을 때 모든 일을 능숙하게 처리할 수 있었던 것은 그리 놀랍지 않다.

전문만능인 다윗

다윗도 바로 이런 전문만능인의 능력을 갖추고 있었다. 다윗은 목동으로서 전문성을 가졌다. 달려가면서 물매를 던져 한 방에 골리앗의 머릿속에 박아넣었다. 덧붙여 다윗에게 한 가지 능력이 더 있었다. 수금을 연주하는 일종의 개인기였다. 이 능력을 통해 다윗은 사울 왕의 악사 겸 비서가 되어 궁궐에 입성했다. 다윗은 왕으로 기름부음받았지만 아버지가 왕이 아니었기에 궁궐문화를 접할 수 없었다. 수금연주 능력으로 궁궐문화를 익힌 일은 매우 요긴한 제왕 수업의 기회였다. 다윗은 사울 왕 곁에 늘 있으면서 왕과 신하들이 어떤 이야기를 나누는지 들었고, 어떤 결재서류에 서명하는지 지켜보았다. 이보다 더 효과적인 제왕수업이 있었을까? 바로 다윗의 취미생활인 수금연주 능력을 통해서 그런 기회를 얻었다. 이런 과정이 다윗의 왕조건설에 큰 도움을 주었다. 우리도 이 시대가 요구하는 전문만능인의 모습으로 자기계발을 하고 직업인의 전문성을 키워나갈 수 있어야 한다.

4차산업혁명의 시대, 인공지능이 일자리를 위협하기도 하는 시대이다. 은퇴가 빨라지고 수명은 길어지는 시대, 제3의 인생을 제대로 설계하기 위해서도 전문만능인이 유용하다. 찰스 핸디가 말하는 대로 파트타임으로 여러 가지 일을 해야 하는 '포트폴리오 노동자'도 전문만능인의 현대적 형태이다.

"하나님 아버지, 변화가 많은 시대 상황에 적응하고 극복하며 적극적으로 소명의 삶을 살아가기 원하시는 하나님의 뜻에 둔감하지 않도록 인도해주소서. 다양한 능력을 요구하는 시대에 전문화된 만능인으로 훈련받아 진정한 능력을 발휘할 수 있게 인도해주소서."

누가 일터의 주인인가?

　　미국의 한 석유회사의 직원 아치볼드는 '한 통에 4달러'라는 별명으로 더 잘 알려졌다. 그의 별명은 회사의 광고 문구였다. 늘 '한 통에 4달러'를 입에 달고 다녔고, 출장을 가면 호텔 숙박부에 자기 이름을 써넣으면서 그 옆에 '한 통에 4달러'라고 적을 정도였다. 회사의 사장인 록펠러가 듣고 확인해 본사로 발령을 내 일하게 했다. 이후에 아치볼드는 록펠러가 경영 일선에서 물러났을 때 그의 뒤를 이어 스탠더드오일의 '석유왕'이 되었다.

　　요셉의 주인의식을 볼 수 있는 사건이 창세기 40장에 나온다. "옥에 갇힌 애굽 왕의 술 맡은 자와 떡 굽는 자 두 사람이 하룻밤에 꿈을 꾸니 각기 그 내용이 다르더라. 아침에 요셉이 들어가 보니 그들에게 근심의 빛이 있는지라. 요셉이 그 주인의 집에 자기와 함께 갇힌 바로의 신하들에게 묻되 어찌하여 오늘 당신들의 얼굴에 근심의 빛이 있나이까. …당신이 잘되시거든 나를 생각하고 내게 은혜를 베풀어서 내 사정을 바로에게 아뢰어 이 집에서 나를 건져주소서. 나는 히브리 땅에서 끌려온 자요 여기서도 옥에 갇힐 일은 행하지 아니하였나이다"(창 40:5-7,14-15).

표정까지 살필 필요가 있었을까?

억울하게 투옥된 요셉이 감옥생활에 적응했을 무렵이었을까, 바로의 술 맡은 관원장과 떡 굽는 관원장이 요셉이 있는 옥에 들어왔다. 친위대장 보디발은 요셉에게 그들을 수종 들라고 명령했다. 어느 날 아침에 요셉은 그 두 관원장의 표정을 살피고는 이렇게 질문했다. "어찌하여 오늘 당신들의 얼굴에 근심의 빛이 있나이까?" 요셉이 두 명의 전직 고관 죄수들을 섬기라는 명령을 받긴 했지만 따지고 보면 그들은 자기와 함께 갇힌 '동료 죄수들'이었다. 그런데 표정까지 살필 필요가 있었을까? 요셉이 보여준 이런 호의와 성실이 바로 요셉의 주인의식을 보여준다.

그 감옥을 하루빨리 떠나고 싶었다.

주인의식을 가지고 주인 역할을 하던 요셉은 감옥을 '평생직장'이라고 생각하지는 않았다. 하루라도 빨리 감옥을 벗어나고 싶었다. 술 맡은 관원장에게 살아날 것이라고 해몽해준 후 요셉은 자신의 억울함을 호소했다. 바로 왕에게 이야기해서 감옥에서 벗어나게 해줄 것을 간청한다. 주인의식을 가진 사람이 이런 모습을 보여서야 되겠는가? 그런데 문제 될 것이 없다.

주인 아닌 사람의 주인의식이라야!

실제 주인의 주인의식은 갑질이 될 수도 있다. 주인의식은 주인 아닌 사람이 가져야 멋진 주인의식이 된다. 당장이라도 감옥을 떠나고 싶은데도 요셉은 동료 죄수들의 표정까지 살피며, 그야말로 "마음을 다해 주께 하듯 하고"(골 3:23) 있었다. 우리 일터의 진짜 주인인 주님께 하듯이 최선을 다하는 자세가 진정한 주인의식이다. 당장 떠나고 싶은 곳에서 일하면서도 주인의식을 가지고 있었던 요셉의 일하던 자세를 우리도 배울 수 있어야 하겠다.

주제넘게 설치며 일하는 것도 아니고 주어진 일만 마치고 아무런 책임도 지지 않는 자세도 아니다. 주님께 하듯이 일하는 성경적 직업관으로 바람직한 주인의식을 드러낼 수 있다. 주인의식을 통해 일터 속의 크리스천임을 입증할 수 있어야 하겠다.

 "감옥에 있던 요셉과 함께하셨던 하나님, 저도 일터에서 주인의식을 가지고 일하겠습니다. 윗사람의 권한을 월권하기보다 궂은일까지 감당하겠다는 자세로 일하게 하소서. 우리 일터에 이런 주인의식을 가진 사람이 많아지게 도와주소서."

>>> 창세기 40:20-23

12 인생길이 뜻대로 열리지 않을 때

대서사시 「실낙원」을 지은 영국 시인 존 밀턴은 마흔두 살에 한쪽 눈이 실명했다. 2년 후 남은 눈의 시력마저 잃었다. 사랑하는 아내조차 세상을 떠났다. 도대체 그의 인생에 왜 그렇게 좋지 않은 일만 생기는지 그는 낙담했을 법하다. 그러나 밀턴은 굴하지 않고 글을 썼다. 딸에게 받아쓰게 하여 완성한 「실낙원」은 그렇게 탄생했다. 밀턴이 겪은 어려움과 고통이 오히려 위대한 문학 작품을 낳는 계기가 되었다고 볼 수 있다.

뭔가 일이 잘 풀릴 것 같았으나 여전히 미궁 속에 빠지는 경험을 요셉이 했다. "제 삼일은 바로의 생일이라. 바로가 그의 모든 신하를 위하여 잔치를 베풀 때에 술 맡은 관원장과 떡 굽는 관원장에게 그의 신하들 중에 머리를 들게 하니라. 바로의 술 맡은 관원장은 전직을 회복하매 그가 잔을 바로의 손에 받들어 드렸고 떡 굽는 관원장은 매달리니 요셉이 그들에게 해석함과 같이 되었으나 술 맡은 관원장이 요셉을 기억하지 못하고 그를 잊었더라"(창 40:20-23).

내 인생은 왜 이리 꼬이는가?

감옥에서 요셉은 술 맡은 관원장에게 복직하게 될 것이라고 해몽했는데 그대로 되었다. 감옥을 벗어나고 싶은 마음이 간절했던 요셉은 술 맡은 관원장이 힘써주어 석방되기를 기다렸으나 아무 소식이 없었다. 아마도 배은망덕한 관원장을 욕하며 하루하루 분노를 삭였을 듯하다. 그러나 중요한 사실이 있다. 요셉은 그렇게 답답해도 무언가 이루어지고 있었다.

하나님의 깊은 섭리를 인생이 어찌 깨달을까?

술 맡은 관원장은 꿈꾸는 사람 요셉을 오랫동안 잊고 있었다. 창세기 41장은 '만 이 년 후에' 바로 왕이 꿈을 꾼 이야기를 기록하고 있다. 그런데 이 망각의 시간이 바로 하나님의 섭리를 보여준다. 요셉이 바로의 꿈을 해몽해서 총리의 자리에 오를 때의 나이는 삼십 세였다(창 41:46). 당시 애굽과 고대 근동 지역에서는 공직에 오를 수 있는 나이가 서른 살이었다. 요셉이 깊이 절망한 때도 하나님의 섭리는 계속 작동하고 있었다는 점이 중요하다. 역사에 가정은 의미가 없다지만, 만약 2년 전에 술 맡은 관원장이 복직한 후 곧 왕에게 부탁하여 요셉이 석방되었다면 어떤 일이 벌어졌을까? 가까스로 여비를 마련해 고향으로 돌아갔다면 창세기의 역사가 어떻게 되었을까?

감옥살이를 통한 인생의 훈련

또한 일정 기간 계속된 요셉의 감옥살이에 하나님의 깊은 섭리가 있었다. 요셉이 갇힌 감옥은 바로의 죄지은 측근 신하들이 수감 된 곳이었다. 요셉이 그 감옥에 있으면서 만난 사람들은 애굽 궁궐의 관료들이었다. 그들을 만나 섬기고 대화하며 공직에 대한 지식과 궁궐 문화를 간접 경험할 기회를 얻었다. 요셉이 총리가 되었을 때는 이미 안면 있는 관료들이 꽤 있었다. 대표적으로 술 맡은 관원장처럼 투옥되었다 복직한 관료들이다. 결국 요셉의 감옥생활은 예비 '총리놀이'였다. 하나님의 이런 오묘한 섭리가 오늘 우리에게도 계속되고 있다.

현실이 고통스럽고 앞날이 잘 보이지 않을 때는 정말 답답하다. 그때 요셉의 인생을 기억해야 한다. 힘들고 지쳐 미처 하나님의 뜻을 잘 헤아리지 못해도 시간이 흐르고 보면 하나님의 깊은 섭리를 깨달을 수 있다.

"요셉의 감옥생활도 섭리하신 하나님, 저를 향해서도 인도와 간섭의 손길을 놓지 않으시는 하나님이 제 인생의 주관자이심을 믿는 믿음을 주소서. 하루하루의 삶을 답답해하기보다 놀라운 섭리를 기대하며 살아가도록 인도해주소서."

13 요셉의 감옥 MBA

　　요셉은 감옥에서 허송세월한 것일까? 술 맡은 관원장이 까맣게 잊은 만 2년과 감옥에서 적응한 기간을 합하면 적어도 3년은 되었다. 그러나 낭비한 것처럼 보이는 요셉의 감옥생활은 요셉이 뒷날 애굽과 세계를 다스릴 능력을 준비하는 '지도자 수업' 기간이었다. 시편 105편에 보면 요셉의 옥살이를 통해 말씀이 요셉을 단련시켰다고 한다. "그의 발은 차꼬를 차고 그의 몸은 쇠사슬에 매였으니 곧 여호와의 말씀이 응할 때까지라. 그의 말씀이 그를 단련하였도다"(시 105:18-19).

　　요셉의 감옥생활에 대해 창세기는 몇 가지 정보를 알려준다. "간수장이 옥중 죄수를 다 요셉의 손에 맡기므로 그 제반 사무를 요셉이 처리하고 간수장은 그의 손에 맡긴 것을 무엇이든지 살펴보지 아니하였으니 이는 여호와께서 요셉과 함께하심이라. 여호와께서 그를 범사에 형통하게 하셨더라. …술 맡은 관원장이 요셉을 기억하지 못하고 그를 잊었더라. …만 이 년 후에 바로가 꿈을 꾼즉 자기가 나일강가에 서 있는데"(창 39:22-23, 40:23, 41:1).

내공을 쌓으니 감옥생활도 버릴 것이 없다.

요셉이 감옥에 들어간 것을 아쉬워한 사람이 있었다면 보디발의 아내였다. 요셉은 감옥에 가면서 보디발 아내의 유혹으로부터 격리되고 보호되었다. 또한 그간의 고된 일에서 벗어나 휴식하는 기회도 얻었다. 감옥에서도 일하게 되지만 아무래도 보디발의 집 가정총무로 있을 때보다는 감옥에서 하는 일이 한결 수월했을 듯하다. 자신은 알 수 없었지만 하나님이 인도하실 궁궐에서 일할 준비를 하는 기간이 바로 요셉의 감옥생활이었다. 요셉은 감옥 안에 앉아서 들어오는 죄수들을 통해 애굽 궁궐에서 벌어지는 일에 대해 들으며 궁궐문화를 접할 수 있었다. 이런 지도자 수업을 요셉이 다른 어떤 곳에서 단기간에 할 수 있었겠는가? 또한 요셉의 감옥생활은 실제적인 업무를 배우는 기회였다. 감옥의 모든 일을 다 맡아 했던 것을 보면 인사관리나 재무관리, 행정업무 등을 배웠을 것이다. 차근차근 내공을 쌓아간 요셉의 감옥생활이 바로 경영학 석사과정(MBA)이었다고 말할 수 있다.

배신당하며 정치적 격랑을 이겨낼 내공을 쌓다.

아울러 요셉은 술 맡은 관원장이 구명해주겠다고 약속한 후 2년 동안이나 까맣게 잊어버리는 배신을 경험했다. 과거에 형들에게 버림받았던 것과 같은 깊은 상처였다. 그런데 이렇게 거절당한 경험도 한 사람의 인격적 성숙에 매우 좋은 약이 될 수 있다. 배신을 경험한 일을 통해 요셉은 나중에 애굽의 정치현장에서 겪을 권모술수를 견뎌낼 내공을 얻었다. 이방인으로서 서른 살의 나이에 총리에 오른 요셉이 당시 세계 최대최강제국인 애굽에서 감당해야 할 정치적 부담은 만만치 않았다. 요셉은 감옥에서도 배신당하면서, 마냥 주저앉아 기다리면서 마음의 근육을 단련하는 기회를 얻었다. 물론 견뎌내기가 쉽지 않았다. 요셉은 애굽 왕 바로가 꿈을 꿀 때까지 기다려야 했다. 시간이 좀 걸렸다. 날마다 감옥 문을 쳐다보며 "요셉! 석방!"이라는 외침을 기다렸다. 그러나 배신을 곱씹으며 인내하며 기다림에 지쳤을 때, 드디어 요셉에게 감옥을 벗어날 기회가 찾아왔다. 요셉이 서른 살이 될 때까지 하나님도 기다리셨다.

하나님은 감옥에서도 고통받는 요셉이 인생소명을 이루기 위한 귀한 수업을 받게 하셨다. 요셉의 인생수업처럼 우리의 인생, 오늘 하루의 삶이 귀한 수업의 기회임을 기억해야 한다. 요셉처럼 감옥에 있지 않아도 우리의 일터에서 하나님의 MBA 과정을 잘 감당해야 한다.

 "감옥에 있던 요셉을 인도하신 하나님, 하나님의 말씀이 응할 때까지 요셉은 단련받았습니다. 저도 애굽 왕 바로가 꿈을 꿀 때까지 기다리며 인생수업의 훈련을 감당할 수 있도록 믿음을 허락하여주소서."

요셉처럼 답답하고
이해 안 되는 상황이 있어도
하나님이 우리의 인생도
섭리하심을 잊지 말아야 한다.

두려워하지 마소서. 내가 하나님을 대신하리이까. 당신들은 나를 해하려
하였으나 하나님은 그것을 선으로 바꾸사 오늘과 같이 많은 백성의 생명을
구원하게 하시려 하셨나니 당신들은 두려워하지 마소서. 창 50:19-21

PART 6

하나님이
인도하시리라

01

7풍7흉 대비
서바이벌 프로젝트

애굽 왕 바로가 흉한 꿈을 꾸었을 때 요셉은 대제국의 치리자 바로의 번민을 잘 파악하고 있었다. 그래서 바로의 꿈을 해석하면서 풍년에 대해서는 짧게 언급한다(창 41:29). 흉년에 대해서는 길고 자세하게 설명한다(30-31절). 요셉은 애굽이 망할까봐 염려하는 바로를 안심시키는 방법을 알고 있었다. "이와 같이 그 곡물을 이 땅에 저장하여 애굽 땅에 임할 일곱 해 흉년에 대비하시면 땅이 이 흉년으로 말미암아 망하지 아니하리이다"(36절). 이런 제안을 듣던 바로는 걱정을 덜고 요셉을 애굽의 총리로 임명했다.

노예 출신에 옥살이하던 젊은 요셉을 대제국의 총리가 되게 한 기획안의 내용을 볼 수 있다. "온 애굽 땅에 일곱 해 큰 풍년이 있겠고 후에 일곱 해 흉년이 들므로 애굽 땅에 있던 풍년을 다 잊어버리게 되고 이 땅이 그 기근으로 망하리니 후에 든 그 흉년이 너무 심하므로 이전 풍년을 이 땅에서 기억하지 못하게 되리이다. 바로께서 꿈을 두 번 겹쳐 꾸신 것은 하나님이 이 일을 정하셨음이라. 하나님이 속히 행하시리니 이제 바로께서는 명철하고 지혜 있는 사람을 택하여 애굽 땅을 다스리게 하시고 바로께서는 또 이같이 행하사 나라 안에 감독관들을 두어 그 일곱 해 풍년에 애굽 땅의 오분의 일을 거두되 그들로 장차 올 풍년의 모든 곡물을 거두고 그 곡물을 바로의 손에 돌려 양식을 위하여 각 성읍에 쌓아 두게 하소서. 이와 같이 그 곡물을 이 땅에 저장하여 애굽 땅에 임할 일곱 해 흉년에 대비하시면 땅이 이 흉년으로 말미암아 망하지 아니하리이다"(창 41:29-36).

7풍7흉 대비 애굽 제국 서바이벌 프로젝트

요셉이 제출한 기획안의 강조점을 한마디로 말하면 사람을 잘 세우라는 내용이었다. 명철하고 지혜 있는 사람을 택해 애굽 땅을 다스리게 하고 감독관들을 선임해 곡식을 저장하게 하라고 했다. 현대 경영학에서 말하는 사람의 중요성을 요셉이 강조했다. 풍년에 생산된 곡물의 5분의 1을 거두어 각 지역에 창고를 세우고 저장하게 했다. 그 일을 지방자치가 아닌 국가 주도 정책사업으로 하라고 제안했다. "그 곡물을 바로의 손에 돌려"(35절)라는 표현은 바로의 권위와 책임 아래 정책을 시행하라는 의미이다("under the authority of Pharaoh", NIV). 위기 상황에서는 중앙집권화가 효과적임을 요셉은 알고 있었다.

요셉의 인생이 담긴 기획안

아마 5분의 1이라는 곡식 수매량도 그간 요셉이 해왔던 다양한 경험을 통해 추론해낸 비율이었음이 분명하다. 요셉은 이런 구체적인 지식을 가지고 세계의 경제 위기에 대응하는 탁월한 해결책을 제시할 수 있었다. 이 기획안은 하나님이 요셉에게 주신 해몽의 지혜즉 하나님이 계시를 통해 알려주셨다. 또한 그동안 요셉이 일하며 쌓은 다양한 경험의 결과이기도 했다. 요셉은 지금까지 그의 고향집과 (창 26:12) 보디발의 집에서(창 39:5) 이런 종류의 일들을 많이 경험해서 지식을 축적하고 있었다. 요셉은 비록 감옥생활을 하고 있었지만 어느새 다양한 분야에서 하나님의 지혜를 가진 능력자가 되어 있었다. 그것이 7풍7흉 대비 기획안에 반영되었다.

감옥생활을 하다가 하루아침에 애굽 왕 바로 앞에 서서 '채용면접'을 받아야 했던 요셉은 당황할 만했다. 그러나 그가 제출한 기획안은 하나님이 주신 지혜이고, 동시에 그간 요셉이 경험하고 준비한 일의 결과물이었다. 하나님의 지혜를 구하며 우리의 일에 최선을 다해야 한다.

"하나님 아버지, 감옥에서 나와 애굽 왕 바로 앞에 섰던 요셉을 통해 배우겠습니다. 정확하게 판단하고 해결책까지 제시하며 두려워하는 바로를 안심시킨 요셉의 지혜와 능력을 저에게도 허락해주소서. 그래서 세상을 복되게 할 수 있게 인도해주소서."

>>> 창세기 41:38-41,45-46

하나님의 영에 감동된
사람의 직업 능력

한때 유럽 열강들을 굴복시킨 나폴레옹은 러시아 원정 실패와 워털루 전투 패전으로 몰락한다. 워털루 전투에는 숨겨진 이야기가 있다. 전투가 시작될 때 갑자기 천둥 번개와 함께 장대 같은 비가 내렸다. 수렁이 생겨 나폴레옹 군대의 자랑이던 포병이 역할을 못 했다. 포차의 바퀴가 수렁에 빠져 이동할 수 없었다. 전쟁의 귀재였던 나폴레옹조차도 갑자기 퍼붓는 소나기를 막을 수는 없었다. 워털루 전쟁으로 나폴레옹은 인간 능력의 한계를 절실하게 깨닫는 좋은 공부를 했다. 바람직한 직업적 능력은 하나님이 함께하시는 영적 능력과 결부되어야 한다.

애굽 왕 바로가 요셉을 가리켜 하나님의 영에 감동된 사람이라고 평가했다. "바로가 그의 신하들에게 이르되 이와 같이 하나님의 영에 감동된 사람을 우리가 어찌 찾을 수 있으리요 하고 요셉에게 이르되 하나님이 이 모든 것을 네게 보이셨으니 너와 같이 명철하고 지혜 있는 자가 없도다. 너는 내 집을 다스리라. 내 백성이 다 네 명령에 복종하리니 내가 너보다 높은 것은 내 왕좌뿐이니라. 바로가 또 요셉

에게 이르되 내가 너를 애굽 온 땅의 총리가 되게 하노라 하고 …그
가 요셉의 이름을 사브낫바네아라 하고 또 온의 제사장 보디베라의
딸 아스낫을 그에게 주어 아내로 삼게 하니라. 요셉이 나가 애굽 온
땅을 순찰하니라. 요셉이 애굽 왕 바로 앞에 설 때에 삼십 세라. 그가
바로 앞을 떠나 애굽 온 땅을 순찰하니"(창 41:38-41,45-46).

하나님의 영에 감동된 사람의 영적 능력

애굽 왕 바로가 요셉을 총리로 임명하는 장면은 통쾌하다. 요셉
은 애굽의 국가적 위기 상황에 혜성같이 등장한 구원자였다. 요셉의
'칠풍칠흉 대비 애굽제국 서바이벌 프로젝트'라는 멋진 기획안을 보
고 바로는 신하들에게 요셉이 하나님의 영에 감동된 사람이라고 탄
식하듯 외쳤다. 술 맡은 관원장의 추천을 받고 지푸라기라도 잡는 심
정으로 요셉을 만났던 바로의 보좌 옆에는 요셉의 '이력서'가 틀림없
이 있었다. 그런데 나이 서른 살에 노예생활을 10년 동안 했고, 감옥
에서 3년을 지낸 히브리인 젊은이에게서는 도저히 나올 수 없는 기
획안을 제시했다. 더구나 신으로 추앙받는 자신 앞에서 생소한 신
'하나님'의 이름을 다섯 차례나 반복해 언급하는 당돌한 요셉이었
다. 그렇다면 그 젊은이의 탁월한 능력은 하나님에게서 나왔다고 자
연스럽게 판단할 수 있었다.

영적 능력을 갖춘 사람의 직업적 능력

'하나님의 영'이라고 하면 보통 종교적인 측면을 생각한다. 그러
나 실제로 성령님은 우리가 일터에서 맡은 일을 해나갈 때도 함께하
신다. 하나님의 영이 함께하시면 문제 해결이 필요할 때 구체적인 해

답을 얻을 수 있다. 요셉이 총리로 임명받은 후에 한 일은 애굽 온 땅을 순찰한 일이었다. 한 기관의 책임자가 부임하여 관할지역을 돌아보고 업무를 파악하는 '초도순시'를 요셉이 자연스럽게 보여주었다. 이 사실이 인상적이어서 다시 한번 기록한다(46절). 두 번째 나온 '순찰하다'라는 단어는 앞의 단어와는 달리 '구석구석을 걷다'라는 뜻이다. 앞의 순찰은 폭넓게 주요 지역들을 돌아본 것이고, 두 번째 순찰은 지난번에 가지 않은 여러 지역을 구석구석 두루 다녀봤다는 뜻이다. 요셉은 총리에 올랐을 때 총리업무를 수행할 만한 능력을 갖추고 있었다.

요셉이 꿈을 해석하면서 자주 말한 하나님의 능력을 애굽 왕 바로가 인정했다. 하나님의 영감이 요셉의 직업능력으로 반영되어 나타났다는 점에 주목해야 한다. 우리는 일터에서 종교적 냄새가 아닌 능력을 나타내는 하나님의 사람이 되어야 한다.

"요셉에게 충만한 영으로 함께하신 하나님, 저도 요셉처럼 하나님의 영에 감동받기를 원합니다. 성경에 나오는 다니엘이나 다윗과 같이 하나님의 영이 충만하여 직업적 능력을 드러내도록 인도해주소서. 또한 인내하며 계속 노력할 수 있게 도와주소서."

03
아들의 이름에
인생소명을 담아…

보통 부모들이 그렇지만 나도 자녀들의 이름에 소망과 기대를 담았다. 아들의 이름을 '대한'(大韓)이라고 지었다. 우리나라 이름의 약자이면서 성까지 함께 읽으면 으뜸가는(元) 큰(大) 나라(韓), 즉 하나님 나라이다. 민족과 하나님 나라를 위한 일꾼이 되라는 바람을 담았다. 딸의 이름은 '소정'(素淨)인데, 본래 소정(小丁)은 '작은 일꾼'이라는 뜻의 자작 호이다. 한글은 살리고 한자는 바꾸어 희고 깨끗하게 살라는 의미로 지었다. 아들들의 이름을 지으면서 힘든 과거를 회고하고 앞날에 대한 소망과 인생소명을 담은 사람이 바로 요셉이었다.

요셉의 두 아들 이름에서 요셉의 인생소명을 볼 수 있다. "흉년이 들기 전에 요셉에게 두 아들이 나되 곧 온의 제사장 보디베라의 딸 아스낫이 그에게서 낳은지라. 요셉이 그의 장남의 이름을 므낫세라 하였으니 하나님이 내게 내 모든 고난과 내 아버지의 온 집 일을 잊어버리게 하셨다 함이요. 차남의 이름을 에브라임이라 하였으니 하나님이 나를 내가 수고한 땅에서 번성하게 하셨다 함이었더라"(창 41:50-52).

인생의 아픈 상처는 치유받아야

요셉은 나중에는 총리라는 고위관리가 되었지만 젊은 날에는 고생을 많이 했다. 그렇게 고생하여 권력을 잡은 사람이 마음을 나쁘게 쓰면 원수를 갚는다. 그래서 상처의 치유가 필요하다. 이 치유의 과정을 거치지 않은 사람은 성공이 오히려 독이 된다. 복수에 눈이 멀어 결국 자신도 파멸시키곤 한다. 요셉의 인생에서는 감사하게도 상처의 치유과정이 있었다. 요셉이 두 아들의 이름을 짓는 과정에서 발견할 수 있다.

큰아들의 이름에 용서를 담아 회고하고…

요셉은 온의 제사장 보디베라의 딸 아스낫과 결혼했고 첫아들을 낳아서 이름을 므낫세라고 지었다. '잊어버림'이라는 뜻이다. '망각!' 우리나라 사람들은 자식의 이름을 보통 이런 뜻으로 짓지는 않는다. 요셉은 어떤 의미를 이 이름 속에 담았을까? 지난날을 회고하며 자신이 겪었던 그 아픈 기억들은 다 잊어버리기로 결심했다. 형들에게 배신당해 노예로 팔렸다. 주인의 아내에게는 추행과 모함을 당하고 주인 보디발에게도 배신당하면서 오랜 세월 감옥생활을 했다. 감옥에서 도움을 준 관원장에게도 배신당했던 그 아픈 기억을 다 잊기는 쉽지 않았다. 기억날 때마다 쓰리고 아팠다. 그러나 요셉은 그 모든 것을 잊으려고 노력했다.

작은아들의 이름에 인생소명을 담다.

또한 살다 보면 슬픔만 있는 것이 아니라 기쁨도 있음을 기억하면 과거를 잊기로 한 결심에 도움이 된다. 애굽의 총리가 된 요셉은 그가 애굽 바로의 꿈을 해석하면서 예언한 대로 일곱 해나 연거푸 어마어마한 풍년이 드는 현실을 경험했다. 이때 요셉이 얼마나 기뻤겠는가? 쉽지 않은 일곱 해 연속 풍년을 예언했던 총리 요셉은 당연히 사람들의 주목을 받았다. 우리 인생에는 아픈 기억만이 아니라 기쁘고 즐거운 일도 있다. 또한 요셉은 둘째 아들의 이름을 '에브라임'이라고 지어 하나님이 자신에게 주신 인생소명을 분명히 담았다. '창성함'이라는 뜻이다. 가깝게는 곧 임할 7년의 극심한 흉년을 이겨내고 이룰 번영과 장차 이스라엘 백성이 누릴 하나님 나라를 에브라임의 이름 속에 담았다.

과거에 매이면 앞날을 볼 수 없다. 지나온 날을 돌아보며 잘못과 죄는 회개하고 힘들고 아팠던 상처는 치유받아야 한다. 우리도 예수님이 이루신 십자가 사역을 기억하며 지난날을 복되게 망각해야 한다. 그리스도 안에서 누리는 은혜를 기억하며 하나님이 주신 인생소명을 다음세대와 함께 이루기 위해 노력해야 한다.

 "요셉의 인생처럼 저의 인생도 인도하시는 하나님, 요셉이 지은 아들의 이름을 보며 저의 '므낫세'와 '에브라임'을 생각합니다. 슬프고 아픈 상처는 치유해주소서. 지금까지 인도하신 하나님이 저의 인생을 통해 이루실 복된 세상을 추구하며 살아가게 도와주소서."

>>> 창세기 41:53-57

04 당신의 비즈니스로 세상을 구원하라

미국의 요셉컴퍼니 사역단체 대표 로버트 프레이저가 말한다. 기독교 역사의 '위인'은 주로 선교사나 목회자였다. 서재의 책꽂이 한쪽 전체가 크리스천들의 전기로 가득 차 있는데 데이비드 브레이너드, 장 칼뱅, 찰스 웨슬리, 조너선 에드워즈 등 거의 모두 전임사역자들이었다. 그러나 반대로 성경의 영웅들 대부분은 '제사장'이나 '선지자'가 아니었다. 아브라함은 목축업을 하던 사업가였고, 요셉은 유능한 경영자이자 공무원이었다. 여호수아와 갈렙은 장군, 다윗은 목동, 장군, 그리고 왕이었고, 다니엘과 느헤미야는 정부 관료였다(로버트 프레이저, 「마켓플레이스 크리스천」, 순전한나드 펴냄, 21쪽).

요셉이 세상에서 하나님의 사람으로 살아가면서 했던 중요한 일을 볼 수 있다. "애굽 땅에 일곱 해 풍년이 그치고 요셉의 말과 같이 일곱 해 흉년이 들기 시작하매 각국에는 기근이 있으나 애굽 온 땅에는 먹을 것이 있더니 애굽 온 땅이 굶주리매 백성이 바로에게 부르짖어 양식을 구하는지라. 바로가 애굽 모든 백성에게 이르되 요셉에게 가서 그가 너희에게 이르는 대로 하라 하니라. 온 지면에 기근이 있으매 요셉이 모든 창고를 열고 애굽 백성에게 팔새 애굽 땅에 기근이 심하며 각국 백성도 양식을 사려고 애굽으로 들어와 요셉에게 이르렀으니 기근이 온 세상에 심함이었더라"(창 41:53-57).

곡식을 팔아 세상 사람들을 구해낸 요셉

애굽에 7년 풍년 후 흉년이 들었을 때 요셉이 창고를 열어 백성들에게 곡식을 "팔았다"(56절). 이 구절의 의미를 깨달으며 느낀 전율을 잊지 못한다. "요셉의 인생소명은 이렇게 비즈니스로 세상을 살리며 꽃피는구나! 멋지다!" 그래서 이 깨달음을 널리 알리고 다녔다. 극심한 기근이 들었을 때 요셉이 그동안 저장해 놓은 곡식을 팔아서 굶어 죽을 사람들을 살려냈다. 위기에 잘 대처해서 결국 세상을 구원했다.

영육이원론에서 벗어나라.

강의나 설교하면서 당신들의 비즈니스로 세상을 살릴 수 있다고 목청 높여 외쳐도 사람들은 별로 수긍하지 않는다. "이 말을 목사인 제가 하니 분명한 사실입니다. 만약 평신도로 비즈니스를 하는 분이 와서 이렇게 말한다면 그것은 옳은 이야기지만 '직업 이기주의' 입니다. 그런데 목사인 제가 목회현장으로 오고 선교사로 헌신하라고 하지 않고 '비즈니스로 세상을 구원해 낼 수 있다' 고 말하니 이것은 진짜입니다. 제 말을 믿어주십시오." 이 정도로 열을 올려야 겨우 반응을 보인다. 영육이원론이 얼마나 우리 크리스천들의 삶에 깊이 뿌리를 내리고 있는지 실감할 수 있다.

세상이 감당하지 못하는 하나님의 사람들

히브리서 11장에서 "세상이 감당하지 못하는"(히 11:38) 믿음의 영웅이라고 칭찬받은 사람은 아벨, 에녹, 노아, 아브라함, 이삭, 야곱, 요셉, 모세, 라합 등이고, 이름이 언급된 사람은 기드온, 바락, 삼손, 입다, 다윗, 사무엘과 선지자들이다. 믿음의 영웅 중에서 오늘날의 전임사역자에 해당하는 사람은 모세와 사무엘 정도이다. 그런데 그들은 하나님의 선지자였지만 겸직하고 있었다. 모세는 선지자이면서 동시에 지도자의 역할을 겸직했다. 사무엘 선지자는 고향인 라마뿐 아니라 벧엘과 길갈과 미스바로 순회하며 백성들을 재판하는 사사의 일을 해야 했다. 나머지 10여 명의 사람은 목회자가 아닌 이른바 '평신도'였다. 세상 속에서 치열하게 비즈니스를 하면서 하나님을 섬긴 '일터선교사들'이었다.

오늘날에도 세상의 많은 사람이 고통받고 있다. 그들을 돕기 위해 요셉처럼 지식의 창고에 알곡을 가득 담아 저장해야 한다. 우리의 비즈니스를 통해 위기를 겪는 세상 사람들을 살릴 꿈을 꾸어야 한다. 세상이 고통받을 때 창고를 열어야 한다.

"우리가 세상에 복이 되기를 원하시는 하나님, 요셉은 지식의 창고에 알곡을 가득 저장하는 비즈니스를 통해 어려움 겪던 사람들을 위기에서 구해냈습니다. 일터선교사인 제가 하는 일을 통해서도 세상을 복되게 할 수 있도록 인도해주소서."

05 세 가지 질문을 통한 책망

하나님은 우리에게 여러 방법으로 말씀하신다. 사람들의 질문에 귀를 기울이고 잘 들으면 하나님의 뜻을 알 수 있는 경우도 있다. 요셉을 애굽에 판 후 20여 년이 지났지만 요셉의 형들은 자신들만의 비밀을 간직하느라 마음을 많이 썼다. 이제 그들의 잘못에 대한 징계와 깨달음의 과정이 그들 앞에 펼쳐졌다. 그들은 그 질문을 잘 듣고 대답해야 했다.

요셉의 형들을 향한 세 가지 질문을 창세기 42장에서 볼 수 있다. "그때에 야곱이 애굽에 곡식이 있음을 보고 아들들에게 이르되 너희는 어찌하여 서로 바라보고만 있느냐. …요셉이 보고 형들인 줄을 아나 모르는 체하고 엄한 소리로 그들에게 말하여 이르되 너희가 어디서 왔느냐. 그들이 이르되 곡물을 사려고 가나안에서 왔나이다. …르우벤이 그들에게 대답하여 이르되 내가 너희에게 그 아이에 대하여 죄를 짓지 말라고 하지 아니하였더냐. 그래도 너희가 듣지 아니하였느니라. 그러므로 그의 핏값을 치르게 되었도다 하니"(창 42:1,7,22).

"어찌하여 서로 바라보고만 있느냐?"

요셉의 예언대로 온 세상에 흉년이 들었을 때 야곱은 애굽에 곡식이 있다는 소문을 듣고 아들들을 꾸짖으며 질문했다. 야곱은 위기가 닥쳤는데 극복할 적극적 대안을 찾지 않고 관망하기만 하는 태도를 질책했다. 그저 서로 바라보기만 하는 태도가 문제였다. 물론 형들도 애굽에 곡식이 있다는 소식을 들었지만 20여 년 전에 동생 요셉을 애굽에 팔았으니 왠지 켕겼을 테다. 그래서 그들은 서로 얼굴만 쳐다보며 눈치를 보고 있었다. 궂은일은 누가 나서주기를 바라고 눈치만 보고 있을 것이 아니라 적극적으로 나서야 한다. 형들과 달리 요셉은 견디기 힘든 감옥생활을 하면서도 동료 죄수들의 표정을 살피는 적극성을 보여주었다(창 40:7). 이 일이 결국 요셉이 애굽의 총리가 되는 계기가 되었다.

"너희가 어디서 왔느냐?"

애굽의 총리가 된 요셉 앞에 열 명의 형들이 와서 엎드렸다. 이쪽에서만 보이는 수사기관의 유리 벽면처럼 요셉만 형들을 알아보고 엄한 목소리로 했던 질문이다. 이 질문을 통해 요셉은 형들의 정체를 물었다. 아마도 요셉은 형들에게서 하나님을 믿는 신앙고백을 들으려고 기대했는지도 모른다. 아버지 야곱의 한 형제들로 하나님을 믿는 신앙공동체의 구성원들이라는 '정답'을 듣고 싶은 요셉의 기대와 달리 형들은 곡물을 사려고 가나안에서 왔다고 대답했다.

"그 아이에 대하여 죄를 짓지 말라고 하지 아니하였더냐?"

요셉의 형들이 요셉 앞에 엎드렸을 때 요셉은 그 형들에게 아직도 동생을 미워하는 마음이 있는지 확인하려고 했다. 그래서 형들을 가두고 여러 가지를 추궁했다. 그러자 맏형 르우벤이 동생들에게 과거의 행동을 질책했다. 형제들이 요셉을 팔려고 할 때 르우벤은 그 일을 말리고 요셉을 아버지 품으로 돌려보내려고 애썼다. 요셉의 형들이 애굽에서 엉뚱하게 '간첩'으로 몰려 투옥되면서 겪은 불안감은 요셉이 이전에 형들에게 팔리며 극심하게 겪은 두려움과 비슷했다. 20년 이상 열 명이 공유하는 비밀 아닌 비밀을 계속 간직하기는 쉽지 않았다. 잠자리에서 잠꼬대도 조심했을 그 죄책감은 얼마나 사람의 마음과 영혼을 쪼그라들게 하는 고통이었을까? 맏형의 충고만 들었다면 그런 아픔을 겪지 않았을 텐데 요셉의 형들은 뼈저린 후회를 했을 것이다.

우리를 향한 질문에도 귀를 기울여야 한다. 우유부단하지 않게 적극적으로 행동해야 한다. 세상에서 일하는 직업인의 정체를 가졌지만 하나님 나라 공동체의 구성원임을 잊지 말아야 한다. 앞선 사람들의 충고를 무시하지 말고 잘 새겨들어야 한다. 선택의 갈림길에서 감정에 휘둘리지 않고 냉철하게 판단할 수 있어야 하겠다.

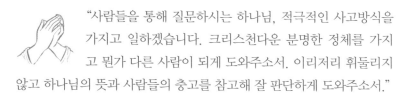

"사람들을 통해 질문하시는 하나님, 적극적인 사고방식을 가지고 일하겠습니다. 크리스천다운 분명한 정체를 가지고 뭔가 다른 사람이 되게 도와주소서. 이리저리 휘둘리지 않고 하나님의 뜻과 사람들의 충고를 참고해 잘 판단하게 도와주소서."

>>> 창세기 45:1-5

06 나는 요셉이라!

요셉이 애굽의 총리라는 사실을 모르는 형들이 곡식을 사러 왔을 때 요셉은 자신의 정체를 숨기다가 밝혔다. 특히 요셉이 자신을 밝힐 때 "나는 요셉이라"고 하는 점이 이채롭다. 형들은 그 이름밖에 몰랐기 때문이 아니었다. 그동안의 양면성에 종지부를 찍고 정체를 분명하게 드러내는 선언이었다. 당시 형들이 볼 때 요셉은 사브낫바네아라는 애굽 사람이었고 권력 서열 2위인 국무총리였다. 하지만 요셉은 하나님 가족의 일원이었고 흩어진 성도의 한 사람이었음을 잊지 않았다는 뜻이다(폴 스티븐스, 「참으로 해방된 평신도」, IVP 펴냄, 95-97쪽).

요셉이 드디어 형들 앞에서 자신의 정체를 밝혔다. "요셉이 시종하는 자들 앞에서 그 정을 억제하지 못하여 소리 질러 모든 사람을 자기에게서 물러가라 하고 그 형제들에게 자기를 알리니 그때에 그와 함께 한 다른 사람이 없었더라. 요셉이 큰 소리로 우니 애굽 사람에게 들리며 바로의 궁중에 들리더라. 요셉이 그 형들에게 이르되 나는 요셉이라. 내 아버지께서 아직 살아 계시니까. 형들이 그 앞에서 놀라서 대답하지 못하더라. 요셉이 형들에게 이르되 내게로 가까이 오소서. 그들이 가까이 가니 이르되 나는 당신들의 아우 요셉이니 당신들이 애굽에 판 자라. 당신들이 나를 이곳에 팔았다고 해서 근심하지 마소서. 한탄하지 마소서. 하나님이 생명을 구원하시려고 나를 당신들보다 먼저 보내셨나이다"(창 45:1-5).

하나님 가족의 정체성을 잃지 않은 요셉

성경을 통독하다가 창세기 45장 이 부분을 읽을 때 울컥했던 적이 여러 차례 있었다. 자기를 판 형들에게 요셉은 감추었던 정체를 밝히며 감격적으로 해후한다. 요셉의 형들이 요셉을 볼 때 그는 사브낫바네아라는 이름을 가진 애굽인의 총리였다. 그러나 마침내 요셉이 자신의 정체를 밝힐 때 "나는 요셉이라!"고 말했다. 형들이 믿지 못하자 "당신들의 아우 요셉이니 당신들이 애굽에 판 자"라고 말했다. 비록 애굽에서 20여 년 살았지만 요셉은 정체성을 잃지 않았다. 요셉이 하나님의 가족의 일원이고 흩어진 성도의 한 사람임을 잊지 않았음을 보여주는 고백이다. 세상 속의 크리스천으로 살아가는 우리의 정체성을 요셉을 통해 생각해볼 수 있다.

정체성이 분명한 사람의 현실 인식

요셉이 이렇게 자신의 정체성을 분명히 가졌던 것은 그에게 하나님의 섭리를 이해하는 분명한 믿음이 있었기 때문이었다(4-5절). 왜 원하지 않는데 애굽에 왔는지, 형들은 왜 지금 그의 앞에서 머리를 숙이고 있는지 요셉은 잘 알고 있었다. 하나님이 이스라엘 백성들의 생명을 구하기 위해 자신을 미리 애굽으로 보내셨다는 사실도 깨닫고 있었다. 비록 노예로 팔려와 이국땅에서 힘든 나날을 보냈지만 요섭은 이런 굳건한 믿음을 가지고 있었다. "나는 하나님의 사람 요셉입니다. 지금 이곳 애굽에서 총리로 일하고 있지만 증조할아버지 아브라함, 할아버지 이삭, 아버지 야곱을 뒤이어 이스라엘의 족장으로 우리 민족을 이끌 사람입니다. 나는 요셉입니다! 나는 요셉입니다!" 우리는 하나님이 우리를 일터로 보내신 현실을 인식하고 우리의 정체성을 분명히 인식하고 있는가?

과연 세상 속에서 어떻게 크리스천의 정체를 드러내는지 자신을 돌아보자. "나는 성도 아무개라." "나는 크리스천 아무개라." "나는 하나님의 자녀 아무개라." 험한 세상에서 헤맬 수 있다. 좌절하고 넘어지기도 한다. 그러나 우리도 하나님 나라의 '요셉'임을 잊지 말아야 한다.

"사랑하시는 하나님, 세상 속에서 살아가며 요셉에게 배우겠습니다. 세상 속 크리스천의 분명한 정체를 드러내며 살게 도와주소서. 하나님 나라 백성으로서, 일터에서도 당당하게 존재를 인정받으면서 살아가도록 인도해주소서."

07 강점으로 극복한 실직 위기

미국의 링컨 대통령 비서관이 대통령 집무실로 오다가 복도 한쪽 구석에서 구두를 닦고 있는 링컨 대통령을 보았다. 비서관은 그런 모습이 언론에 알려지면 곤란하다고 말했다. 링컨은 촌스럽고 거칠다는 비난을 자주 들었기에 비서관이 일종의 충고를 했다. 그러자 링컨이 이렇게 말했다. "구두 닦는 것이 부끄럽다는 말인가? 대통령은 국민을 위해 일하는 공무원에 지나지 않네. 세상에 천한 직업은 없네. 다만 천한 마음을 가진 사람들만 있을 뿐이야."

야곱 가족의 애굽행은 생소한 직업환경에 맞닥뜨려야 하는 현실이었다. "요셉이 바로에게 가서 고하여 이르되 내 아버지와 내 형들과 그들의 양과 소와 모든 소유가 가나안 땅에서 와서 고센 땅에 있나이다 하고 그의 형들 중 다섯 명을 택하여 바로에게 보이니 바로가 요셉의 형들에게 묻되 너희 생업이 무엇이냐. 그들이 바로에게 대답하되 종들은 목자이온데 우리와 선조가 다 그러하니이다 하고 그들이 또 바로에게 고하되 가나안 땅에 기근이 심하여 종들의 양 떼를 칠 곳이 없기로 종들이 이곳에 거류하고자 왔사오니 원하건대 종들로 고센 땅에 살게 하소서. 바로가 요셉에게 말하여 이르되 네 아버지와 형들이 네게 왔은즉 애굽 땅이 네 앞에 있으니 땅의 좋은 곳에 네 아버지와 네 형들이 거주하게 하되 그들이 고센 땅에 거주하고 그들 중에 능력 있는 자가 있거든 그들로 내 가축을 관리하게 하라"(창 47:1-6).

야곱 가족의 애굽행 기술 이민

요셉의 초청으로 팔레스타인 땅에 살던 온 가족이 애굽으로 이주해왔다. 요셉의 형들은 애굽의 치리자 바로를 만났다. 바로가 요셉의 형들에게 처음으로 질문한 것이 바로 그들의 직업이었다. "너희 생업이 무엇이냐?" 결국 가나안 땅에 있던 요셉 가족의 애굽행은 요즘 식으로 말하면 이민이었다. 그것도 투자 이민이 아닌 기술 이민이었다고 할 수 있다. 요셉은 형들에게 애굽에서도 목축을 계속할 수 있도록 고센 땅에 거주하게 해주겠다고 미리 말했다(창 46:33-34). 바로에게 허락받아 비옥한 나일강 삼각주 고센 땅을 얻으면, 이전의 유목과는 다른 새로운 차원의 목축업을 할 수 있다는 복안이 요셉에게 있었다.

새로운 직업적 기회

요셉은 당시 애굽 사람들이 천히 여기는 목축을 대대로 해온 자기 집안 가업의 전통을 숨기지 않았다. 결국 바로는 고센 땅을 주었고 탁월한 목축 기술을 인정해 궁궐 가축들을 요셉의 형들에게 맡겼다. 일종의 '아웃소싱'을 한 셈이다. 당시 애굽에서는 목축업이 3D 업종에 해당되었지만 요셉은 그 상황을 전혀 개의치 않고 정면으로 돌파하여 새로운 직업적 기회를 확보했다.

강점을 활용해 기회를 살리다.

또한 이 일은 직업 선택과 관련해 강점에 집중할 때 찾아오는 새로운 직업적 기회에 대해 알려준다. 야곱의 가족은 자칫 실직하게 될지도 모르는 상황에서 목축을 계속할 수 있었고 오히려 새롭고 확대된 기회도 얻었다. 애굽 땅에서 목축은 천직(賤職)이었으나 야곱의 가족은 천직(天職)을 살려 전화위복이 되었다. 천한 직업은 없다. 인공지능의 등장으로 직업 세계에 변화가 휘몰아칠 것으로 예상되는 때에도 오히려 사람들이 기피하는 직업에 새로운 기회가 올 수 있다. 요셉의 형제들은 자신들의 강점에 집중했다. 잘하는 것에 집중해서 결국 더 잘할 기회를 얻었다. 그 기회가 애굽의 목축업 발전에도 이바지한 셈이다.

요셉은 천한 직업은 없다는 성경의 직업관을 보여주었다. 실직 위기에서 새로운 기회도 얻었다. 사람들이 시대 조류를 걱정하고 편향적 직업 선택을 모색할 때도 하나님이 주신 은사와 강점을 계발하고 새로운 기회를 잘 살릴 수 있어야 한다.

 "야곱의 가족을 애굽으로 인도하신 하나님, 직업 세계에도 변화가 많기에 인생소명을 찾는 노력을 계속하겠습니다. 환경의 변화와 새로운 기회 앞에서 바람직한 선택의 지혜를 얻을 수 있도록 인도해주소서."

>>> 창세기 47:13-17

08 정직한 매출 확대로 일터에 기여하라

큰돈 앞에서 의연할 수 있는 사람은 그리 많지 않다. 정직함도 하루아침에 형성되기 힘들다. 요셉이 어린 시절에 정직하지 못했다면 엄청난 돈의 유혹 앞에서 의연하기는 쉽지 않았다. 요셉은 집에서 목동으로 일할 때도 일종의 돈문제와 연관된 형들의 비리에 그냥 눈 감지 않고 아버지에게 알려 형들의 미움을 받았다. 애굽의 친위대장 보디발이나 감옥의 간수장도 재정을 포함한 모든 문제를 다 맡기고 아무것도 간섭하지 않았던 것을 보면 요셉은 어디에서나 돈문제에 있어 철저했다.

요셉은 엄청난 돈을 벌었을 때도 정직했다. "기근이 더욱 심하여 사방에 먹을 것이 없고 애굽 땅과 가나안 땅이 기근으로 황폐하니 요셉이 곡식을 팔아 애굽 땅과 가나안 땅에 있는 돈을 모두 거두어들이고 그 돈을 바로의 궁으로 가져가니 애굽 땅과 가나안 땅에 돈이 떨어진지라. 애굽 백성이 다 요셉에게 와서 이르되 돈이 떨어졌사오니 우리에게 먹을거리를 주소서. 어찌 주 앞에서 죽으리이까. 요셉이 이르되 너희의 가축을 내라 돈이 떨어졌은즉 내가 너희의 가축과 바꾸어주리라. 그들이 그들의 가축을 요셉에게 끌어오는지라. 요셉이 그 말과 양 떼와 소 떼와 나귀를 받고 그들에게 먹을 것을 주되 곧 그 모든 가축과 바꾸어서 그 해 동안에 먹을 것을 그들에게 주니라"(창 47:13-17).

엄청난 매출 확대에 기여한 요셉

요셉은 7년 풍년 후의 7년 흉년기간에 엄청난 돈을 벌었다. 잘 저장했던 곡식을 흉년 때 팔아서 애굽 땅과 가나안 땅에 있는 돈을 모두 거두어들였다. 개역한글 성경은 요셉이 돈을 번 일에 대해 "돈을 몰수히 거두었다"라고 표현하는데, 더욱 실감이 난다. 돈이 다 떨어진 애굽 백성들이 와서 먹을 것을 주지 않으면 죽겠다고 하소연하고, 결국 가축과 토지로 돈을 대신한다. 나중에는 애굽 백성들이 스스로 바로의 종이 되었다. 결국 애굽과 가나안 땅에서 돈이 떨어졌다. 흉년이 어느 정도로 극심했는지 알려주고 요셉이 애굽 국가재정 확대에 얼마나 크게 기여했는지 보여준다.

그 많은 돈을 국고에 귀속시키다.

그러면 그렇게 많이 벌어들인 돈을 요셉은 어떻게 처리했는가? 그 돈을 바로의 궁으로 가져갔다. 모든 돈을 국고에 귀속시켰다는 뜻이다. 창세기 기록자에게 그 모습이 매우 인상적이었다. 엄청난 돈이었다. 그야말로 현찰을 자루에 쓸어 담아 군대가 호위해 마차로 실어 날랐을 모양새다. 그 많은 돈을 요셉이 모두 국가재정으로 정확하게 편입시켰던 이 사실은 너무나 귀하고 중요하다. 요셉의 이런 정직함이 결국 애굽의 국가적 위기 극복과 성장 발전에 중요한 토대가 되었다.

오늘 정직하지 못하면 내일은 더 어렵다.

매출의 확대가 원하기만 하면 하루아침에 가능한 것은 아니지만 일단 정직한 매출로 우리는 일터에 이바지할 수 있고 세상에 선한 영향력을 미칠 수 있다. 요셉은 어린 시절부터 정직함이 몸에 뱄고 일해온 과정에서 재정적 투명성을 인정받았다. 우리도 재정에 관한 정직을 연습해야 한다. 오늘 다루는 몇천만 원, 몇억 원에 대해 정직하지 못하면 하나님이 우리에게 수백억 원, 수천억 원을 맡기실 리가 없다. 정직한 자가 일터에 이바지할 수 있다.

정직하지 못하면 힘을 가져봐야 결국 웃음거리밖에 되지 않는다. 우리의 정직함만으로도 하나님이 영광받으신다. 비록 세상의 기준으로 성공하지는 못했더라도 정직함과 온전한 인격만으로도 우리는 진정한 성공으로 일터와 세상에 이바지할 수 있다.

"진실하신 하나님, 일터에서 정직할 수 있게 인도해주소서. 정직하면 손해 보는 경우가 더 많지만 우리가 정직하기를 하나님이 원하신다는 사실을 꼭 기억하겠습니다. 일이 잘 안되어도 하나님의 사람답게 정직할 수 있도록 주님이 도와주소서."

09 일터의 시스템 구축에 기여하라

영화 〈쇼생크 탈출〉(The Shawshank Redemption, 1994, 프랭크 다라본트 감독)은 아내와 정부를 살해했다는 누명을 쓰고 종신형을 사는 은행원 앤디의 이야기이다. 앤디는 체념적 수감생활을 하지 않고 악명 높은 쇼생크 교도소의 변화를 위해서 노력한다. 탈옥을 위해 벽면을 뚫는 일을 시작하면서도 '동료'를 위한 교도소의 환경 개선을 위해 노력한다. 집요하게 외부기관에 편지해서 도서관을 만든다. 방송실을 장악하여 동료들에게 '오페라 아리아'를 들려주며 자유정신을 일깨운다. 결국 19년 만에 탈옥에 성공하고 비리를 언론사에 제보해 쇼생크 교도소의 환경개선에도 기여한다. '구원, 속죄'(Redemption)를 뜻하는 제목이 인상적이다.

요셉도 일터의 바람직한 시스템 구축에 기여한다. "요셉이 백성에게 이르되 오늘 내가 바로를 위하여 너희 몸과 너희 토지를 샀노라. 여기 종자가 있으니 너희는 그 땅에 뿌리라. 추수의 오분의 일을 바로에게 상납하고 오분의 사는 너희가 가져서 토지의 종자로도 삼고 너희의 양식으로도 삼고 너희 가족과 어린아이의 양식으로도 삼으라. 그들이 이르되 주께서 우리를 살리셨사오니 우리가 주께 은혜를 입고 바로의 종이 되겠나이다. 요셉이 애굽 토지법을 세우매 그 오분의 일이 바로에게 상납되나 제사장의 토지는 바로의 소유가 되지 아니하여 오늘날까지 이르니라"(창 47:23-26).

원칙이 분명한 매출 확대

결국 요셉은 애굽과 가나안 사람들에게 곡식을 팔아 바로에게 엄청난 부를 안겨주었다. 그러나 무원칙이거나 무자비하지는 않았다. 요셉은 애굽 제사장들의 토지는 사지 않았다. 제사장은 나라에서 녹을 받는 일종의 공무원이었기 때문이다(20-22절). 또한 요셉이 욕심을 부리지 않았다는 뜻이기도 하다. 요셉에게는 매출 목표달성이 유일한 지상과제가 아니었다. 이런 전통이 지금까지 이어오고 있다. 여러 나라에서 비영리법인과 종교법인의 면세 전통이 오늘까지 이어지고 있다. 생각해보면 국가적 위기상황이라고 해도 모든 재산의 국유화는 가난한 백성들을 양산하여 폭동을 불러올 가능성도 있었다. 그런데 요셉은 곡식 판매대금의 국고 귀속을 통해서 보여준 대로 정직의 가치를 추구했다. 결국 애굽 백성을 기근에서 구원할 정책을 추진한다는 점을 백성들이 알았다. 애굽 백성들이 요셉의 조세정책에 대해 비난하지도 않고 호의적인 태도를 보인다. "주께서 우리를 살리셨사오니 우리가 주께 은혜를 입고 바로의 종이 되겠나이다"(25절).

애굽 백성들을 살리는 조세 관리시스템 구축

요셉은 땅을 잃고 바로의 종이 된 백성들에게 땅과 종자까지 제공해주고 농사를 짓게 한 후 생산량의 20퍼센트를 세금으로 내게 했다. 당시 주변 국가들에서는 소출의 절반이 지주의 몫이었으니 요셉의 토지법은 관대했고 사람을 살리는 정책이었다. 아울러 이런 원칙이 애굽의 토지법이 된 점이 중요하다. 주석가 카일과 델리취의 헤로도투스를 인용한 주석을 보면 이후에도 장기간 요셉의 토지법이 애굽에서 시행되었다. 요셉이 세운 조세관리시스템은 이렇게 애굽 백성들을 유익하게 했다.

우리가 일하고 있는 동안 회사가 얼마나 달라졌는가? 요셉처럼 일터의 시스템을 세우는 일에까지 기여하고 있는지 돌아보자. 우리의 일터를 위해 무엇을 기여할 것인지, 업무개선을 위한 아이디어 제안에도 관심 가지고 일터에 유익을 주는 일을 위해 노력해야 하겠다.

 "일터의 주인이신 하나님, 제가 일하는 일터에 유익을 주고 기여할 수 있도록 하나님이 주시는 지혜를 허락하여주소서. 일터를 사랑하는 열정을 주시기 원합니다. 환경이나 사람들을 탓하기보다 제가 먼저 변하게 도와주소서."

>>> 창세기 47:13-16

10

팔려 죽었다! 팔아서 살렸다!

무엇을 팔고 사는 것은 인간 사회의 가장 기본적인 행위 중 하나이다. 사고파는 거래 활동 없이 우리는 단 하루도 살기 힘들다. 그런데 간혹 못 팔 것을 파는 파렴치한 사람들이 있다. 사람이 사람을 파는 인신매매가 지금도 있고 노예제도와 같은 인간 사회의 몹쓸 관습도 있었다. 그런데 간혹 이런 몹쓸 일을 당하면서도 자신이 당한 일을 되갚는 것이 아니라 오히려 세상을 살려내는 사람이 있다.

요셉이 결국 비즈니스를 통해서 세상을 살려냈다. "기근이 더욱 심하여 사방에 먹을 것이 없고 애굽 땅과 가나안 땅이 기근으로 황폐하니 요셉이 곡식을 팔아 애굽 땅과 가나안 땅에 있는 돈을 모두 거두어들이고 그 돈을 바로의 궁으로 가져가니 애굽 땅과 가나안 땅에 돈이 떨어진지라. 애굽 백성이 다 요셉에게 와서 이르되 돈이 떨어졌사오니 우리에게 먹을거리를 주소서. 어찌 주 앞에서 죽으리이까. 요셉이 이르되 너희의 가축을 내라. 돈이 떨어졌은즉 내가 너희의 가축과 바꾸어주리라"(창 47:13-16).

형들에게 팔려 죽었다가 그들을 살린 요셉

요셉은 형들에게 미움을 받아 죽을 뻔했으나 유다의 제안으로 노예로 팔렸다. 사람들의 기억 속에서 점점 잊혔고 요셉을 아는 사람은 그가 죽은 줄 알고 있었다. 그런데 요셉은 심한 상처를 받았으면서도 세상을 살릴 준비를 했다. 노예로 팔려서 애굽에 왔지만 요셉은 자신이 팔 것이 무엇인가 생각했다. 보디발의 집에서나 감옥에서나 요셉은 자신이 팔 수 있는 것이 무엇인가 생각하고 준비했다. 총리가 된 요셉은 풍년의 때에 곡식을 창고에 잘 저장했다. 그래서 굶주려 죽어가는 애굽과 이웃나라 사람들을 살렸다. 요셉이 살린 사람 중에는 자신을 팔아서 거의 죽게 했던 형들을 포함한 고향의 가족들도 있었다.

팔려 죽은 후 세상을 살리신 예수님

요셉처럼 팔려서 죽었으나 팔아서 살린 또 한 사람이 있다. 그분은 예수 그리스도이다. 예수님도 역시 요셉처럼 유다에게 팔려 십자가 위에서 처참하게 죽임당하셨다. 팔려 죽은 하나님의 아들 예수님은 세상을 위해 준비한 '복음'을 내어놓으셨다. 복음으로 예수님은 영혼과 육체의 모든 영역에서 세상 사람들을 살려내셨다. 요셉은 기근의 때에 곡식을 저장해 세상을 살렸는데 예수님의 복음은 영혼과 육체의 모든 영역에서 세상 사람들을 살려냈다. 예수 그리스도, 그분이 나의 죄를 위해 십자가에 달려 죽임당하심을 믿으면 우리도 산다.

무엇을 팔아 세상을 살리는가? : 빵과 복음

요셉과 예수님의 생애를 파는 것의 관점으로 보면 우리도 인생에서 팔아야 할 것을 준비해야 한다. 우리의 비즈니스를 통해 세상을 구원할 준비를 해야 한다. 또한 예수님처럼 세상 사람들을 구원하는 복음도 준비하여 우리 일터 동료들을 구원의 길로 인도해야 하겠다. 세상 사람들에게 필요한 것은 빵만이 아닌 영혼의 양식인 복음임을 잊지 말아야 한다. 우리는 빵과 복음을 다 팔아서 세상을 살려내야 한다.

우리의 인생에서 잘 준비하여 팔아야 할 것은 요셉이 준비한 곡식처럼 세상 사람들의 생존을 위한 필요이기도 하다. 우리의 일을 통해 준비한 곡식을 잘 팔아야 한다. 또한 예수님처럼 세상 사람들을 구원하는 복음도 준비하여 일터 동료들을 구원의 길로 인도할 수 있어야 한다.

"사랑하시는 하나님, 팔리는 아픔을 겪었으나 잘 준비한 곡식을 팔아 세상을 살린 요셉처럼 저도 지식의 알곡을 창고에 잘 저장해 세상에 팔겠습니다. 또한 팔려 죽임당하신 예수님이 세상을 살려주셨으니 저도 복음으로 사람들을 구원의 길로 인도하게 도와주소서."

목적지가 분명한 인생

고대 애굽 사람들은 잔치를 열 때마다 이상한 '손님'을 꼭 초대하여 함께 음식을 먹었다. 식탁 위에 해골이 하나씩 놓여 있었는데, 그것은 먹고 마시는 동안에도 죽음을 기억해야 한다는 경고였다. 그들은 인생 뒤에 죽음이 있음을 기억하려고 했다. 이 땅의 인생이 전부인 줄 알고 죽음 이후의 삶을 생각하지 못하는 사람들이 있다. 하나님이 주신 인생소명에 관심 없이 산다면 인생의 목적지를 잃은 것이다.

야곱이 파란만장했던 생애를 마치고 세상을 떠났다. "그가 그들에게 명하여 이르되 내가 내 조상들에게로 돌아가리니 나를 헷 사람 에브론의 밭에 있는 굴에 우리 선조와 함께 장사하라. 이 굴은 가나안 땅 마므레 앞 막벨라 밭에 있는 것이라. 아브라함이 헷 사람 에브론에게서 밭과 함께 사서 그의 매장지를 삼았으므로 아브라함과 그의 아내 사라가 거기 장사되었고 이삭과 그의 아내 리브가도 거기 장사되었으며 나도 레아를 그곳에 장사하였노라. 이 밭과 거기 있는 굴은 헷 사람에게서 산 것이니라. 야곱이 아들에게 명하기를 마치고 그 발을 침상에 모으고 숨을 거두니 그의 백성에게로 돌아갔더라"(창 49:29-33).

우리도 가야 할 약속의 땅

이스라엘 사람들은 애굽의 고센 땅에서 번성하는 삶을 누렸지만 그곳이 그들 인생의 목적지는 아니었다. 죽음을 앞둔 야곱이 자신의 시신이 묻힐 곳에 대해 말하는 것을 보면 알 수 있다. 야곱에게는 할아버지 아브라함 때부터 전해 내려오는 약속의 땅이 있었다. 지금 자신은 그곳에서 죽지 못하지만 꼭 그곳 막벨라 밭에 있는 굴에 장사지내라고 부탁한다. 야곱이 숨을 거둔 후 애굽에서 미라를 만드는 절차를 거쳤다. 그리고 야곱은 아마도 성경에서 가장 웅장한 장례식을 치른 사람으로 기록되었다. 애굽 고센 땅에서 막벨라 굴까지의 거리는 400km가 넘었다. 수많은 행렬을 이끌고 요셉이 직접 가나안 땅으로 올라가 아버지의 장례를 치르고 돌아왔다. '올라간다'는 표현이 여러 차례 나오는데(창 50:5-9,25), 가나안까지 가는 긴 여정을 표현한다. 또한 이후에 있을 이스라엘 백성의 출애굽을 연상시킨다. 야곱은 자신의 시신을 약속의 땅 막벨라 굴까지 올라가 장사지내게 하면서 일종의 예행연습을 하게 한 셈이다. 애굽에서 살더라도 하나님의 말씀대로 다시 돌아갈 약속의 땅을 잊지 말라는 메시지를 요셉과 후손들에게 주었다.

우리가 돌아가기까지 해야 할 일

야곱은 이스라엘의 열두 지파에 대한 유언을 마친 후 다시 한번 가나안 땅 막벨라 굴에 자신을 매장하라는 당부를 반복했다. 자기 죽음을 '조상들에게로 돌아가는' 것이라고 표현한 점이 이채롭다. 이같이 우리 그리스도인들에게 있어서도 죽음은 끝이 아니며 새로운 삶을 시작하는 관문이다. 야곱은 죽음을 맞으면서 파란만장했던 147년의 생애에 대해 어떤 평가를 했을까? 인생의 목적지가 분명한 사람은 일하는 자세도 남다르다. 우리도 인생의 목적지로 돌아갈 때까지 살아가며 해야 할 일이 분명히 있다. 오늘 어떻게 일할 것인가?

오늘 우리가 그리워해야 할 약속의 땅은 우리 인생의 목적지이다. 틀림없이 새 하늘과 새 땅이 임할 것이다. 이미 하나님 나라에서 살고 있지만 우리도 하나님이 약속하신 우리 인생의 종착지인 하나님 나라를 소망하며 살아야 한다.

"야곱의 생애에 함께하시고 인도하셨던 하나님, 야곱의 죽음을 통해서도 깨달음을 얻게 하여주소서. 저의 인생 목적지인 하나님 나라를 바라는 삶을 살게 하소서. 언제일지 모르는 그때까지 하나님이 주신 삶과 일을 잘 감당하게 인도해주소서."

>>> 창세기 50:19-23

12 용서 실천 3단계

야곱의 가족들이 애굽에 정착한 지 17년이 지난 후 아버지 야곱이 세상을 떠났다. 두려워하던 형들이 요셉에게 사람을 보내 아버지가 형들에게 복수하지 말고 용서하라고 했다는 유언을 전했다. 그 말을 듣고 요셉이 울었다. 아버지가 돌아가셨으니 요셉이 복수할 것으로 생각해 형들이 거짓말을 한 듯하다. 만약 아버지 야곱이 자신의 사후 형제간의 갈등을 염려했다면 요셉을 불러 신신당부하며 형들을 용서하고 잘 돌봐달라고 부탁했을 것이니 말이다. 요셉은 17년 전에 형들이 애굽에 왔을 때 이미 용서했지만 그들은 용서받지 못했다.

3단계 용서 실천법을 요셉에게 배울 수 있다. "요셉이 그들에게 이르되 두려워하지 마소서. 내가 하나님을 대신하리이까. 당신들은 나를 해하려 하였으나 하나님은 그것을 선으로 바꾸사 오늘과 같이 많은 백성의 생명을 구원하게 하시려 하셨나니 당신들은 두려워하지 마소서. 내가 당신들과 당신들의 자녀를 기르리이다 하고 그들을 간곡한 말로 위로하였더라. 요셉이 그의 아버지의 가족과 함께 애굽에 거주하여 백십 세를 살며 에브라임의 자손 삼대를 보았으며 므낫세의 아들 마길의 아들들도 요셉의 슬하에서 양육되었더라"(창 50:19-23).

첫째, 상대방의 허물을 사람들에게 말하지 말라.

잠언 말씀이 용서의 첫 번째 단계를 가르쳐준다. "허물을 덮어주는 자는 사랑을 구하는 자요 그것을 거듭 말하는 자는 친한 벗을 이간하는 자니라"(잠 17:9). 용서하기 위해서는 아픈 상처가 기억날 때 그것을 다른 사람에게 가서 이야기하지 말아야 한다. 친한 사람에게 가서 말하면 맞장구쳐주고 추임새도 넣으며 위로해줄 때 느끼는 속시원함을 포기해야 우리가 그 사람을 용서할 수 있다. 아니 그러면 속이 터져 죽으라는 말인가? 그렇게 아픈 기억을 친한 사람에게 말하는 이유는 찰나적 기쁨이라도 느껴보려는 것인데 그것마저 용납이 안 된단 말인가? 용서하고 싶다면 그렇게 하지 말아야 한다.

둘째, 친구에게 말하듯 하나님께 다 말씀드리라.

다른 사람에게 말하는 대신 하나님께 말씀드릴 수 있다. 험한 세상을 살다 보면 참 힘든 관계문제로 고생할 수 있다. 심지어 가까운 사람에게 가서 말하기도 힘든 미묘하고 복잡한 문제도 있다. 그런 어려운 고민도 다 털어놓을 수 있는 분이 바로 하나님이시다. 이런 특권을 가진 사람을 '크리스천'이라고 한다. 아무에게도 말 못 할 고민을 하나님 앞에 가서 말하고 속 시원하게 울어도 좋다. 그러면 하나님 앞에서 결코 완전하지 못한 연약한 자신을 바라보고 나를 아프게 하는 그 사람 역시 예수님의 위로와 치유가 필요함을 느끼며 기도하게 된다. 기도하다 보면 그리스도의 십자가만 가능하게 하는 용서와 위로를 경험한다. 하나님이 그렇게 조금씩 치유해주신다.

셋째, 책임감 있는 후속조치를 하라.

마지막 단계의 용서 실천법은 진정으로 용서가 이루어졌는지 확인하는 후속조치이다. 형들을 용서한 요셉은 그들과 자녀를 돌보겠다고 약속했다. 그리고 요셉이 므낫세의 아들 마길의 아들들을 슬하에서 양육했다는 기록이 나온다. 마길은 므낫세가 첩으로 둔 아람 여인의 소생이다(대상 7:14-17). 요셉은 비록 아들의 첩이 낳은 손자의 소생이지만 어려움을 겪었을 때 외면하지 않았다. 요셉이 잘 양육한 마길의 후손들은 나중에 지파의 족장이 되었고 요셉에게 배운 리더십을 발휘했다(삿 5:14). 이런 책임감 있는 후속조치로 요셉은 용서를 실천했다.

형들은 자기를 죽이려고 했으나 하나님은 그것을 선으로 바꾸어 많은 생명을 구원하게 하셨다고 고백하는 요셉은 자신의 소명을 기억하며 용서할 수 있었다. 우리의 인생길에도 함께하신 하나님의 섭리와 은혜를 기억하며 용서를 실천할 수 있어야 한다.

 "십자가의 절규를 외면하고 아들을 버리신 하나님, 우리를 용서하고 구원하시기 위한 큰 은혜였음을 잘 압니다. 크게 용서받았으니 그보다 작은 것들을 용서하게 도와주소서. 용서로 인해 우리의 일터가 아름다울 수 있도록 주님이 인도해주소서."

13

나는 죽으나 약속의 땅으로 인도하시리라

어린 시절의 채색옷, 보디발 집에서 가정총무의 옷, 애굽의 국무총리가 되었을 때 입은 세마포 옷 등 성경에 생애가 상세히 기록된 인물이긴 하지만 요셉은 그야말로 '패션쇼'를 하고 있다. 이제 요셉의 마지막 옷이 하나 남았다. 살아생전 입었던 요셉의 옷들도 그의 인생을 잘 보여주지만 죽어서 입었던 요셉의 옷은 그의 인생소명을 함축하며 울림을 준다.

요셉이 세상을 떠난 후 남겨진 그의 유골에 담긴 언약의 중요성을 창세기 마지막 부분에서 알려준다. "요셉이 그의 형제들에게 이르되 나는 죽을 것이나 하나님이 당신들을 돌보시고 당신들을 이 땅에서 인도하여 내사 아브라함과 이삭과 야곱에게 맹세하신 땅에 이르게 하시리라 하고 요셉이 또 이스라엘 자손에게 맹세시켜 이르기를 하나님이 반드시 당신들을 돌보시리니 당신들은 여기서 내 해골을 메고 올라가겠다 하라 하였더라. 요셉이 백십 세에 죽으매 그들이 그의 몸에 향 재료를 넣고 애굽에서 입관하였더라"(창 50:24-26).

"여기서 내 해골을 메고 올라가겠다 하라!"

죽음의 순간에 평생을 추구하며 살았던 자신의 소명을 후손들에게 계승하는 유언을 남긴다면 복된 인생이다. 110세에 애굽에서 세상을 떠난 요셉의 생애가 그랬다. 요셉은 아버지 야곱처럼 가나안 땅에 시신을 매장하라고 부탁하지는 않았다. 하나님의 말씀대로 약속의 땅으로 올라갈 때 자신의 유골을 가져가라고 부탁했다. 아마도 요셉의 유골은 매장하지 않은 채 백성들이 볼 수 있도록 전시하게 한 것으로 보인다. 미라로 만들어진 요셉의 유골은 그 자체가 장차 성취될 약속에 대한 좋은 '교보재' 역할을 했다. 백성들은 요셉의 시신을 보거나 이야기로 전해 들으며 하나님의 약속을 기억했다. 그래서 출애굽을 할 때 요셉의 유언대로 모세가 요셉의 유골을 가지고 나갔다(출 13:18-19). 요셉은 평생 자신의 인생소명을 꿈꾸고 이루었을 뿐만 아니라 자신이 죽은 후에도 계속 이어질 하나님 나라에 대해 확신했다.

하나님 나라 백성의 이중 정체성을 잊지 말라.

요셉은 자신이 죽더라도 이스라엘 백성들을 하나님이 인도하실 줄 믿고 있었다. 하나님이 약속하신 땅, 아브라함과 이삭과 야곱에게 맹세하신 가나안 땅으로 그의 후손들을 이끌어주심을 확신했다. 하나님의 약속을 애굽에서 지내던 이스라엘 백성이 430년 동안이나 잊지 않았다. 그들은 대를 이어 약속의 땅에 대해 하나님이 주신 소명을 이어가며 실현했다. 이것이 바로 사도 바울이 말한 우리 크리스천의 정체성이다. '세상과 하나님 나라'의 이중 시민권을 가지고 살아가는 우리의 모습을 보여준다. "그러나 우리의 시민권은 하늘에 있는지라. 거기로부터 구원하는 자 곧 주 예수 그리스도를 기다리노니"(빌 3:20).

수시로 하나님이 우리에게 주신 인생소명이 무엇인지 점검해야 한다. 우리가 일하는 영역에 하나님 나라가 임하도록 애쓰며 후회 없는 인생을 살아야 한다. 진정한 성공은 계승되어야 함을 명심하며 자녀들과 후배들과 공동체 안에서 소명을 공유하며 하나님 나라를 추구해야 한다.

 "일하시는 하나님, 창세기를 통해 일하는 사람들 속에 역사하신 하나님에 대해 잘 배웠습니다. 저도 하나님이 주신 인생소명을 추구하며 일하고 살아가겠습니다. 자녀와 후배들에게 계승하면서 하나님 나라가 일터에 임하게 하는 일에 동역할 수 있도록 인도해주소서."

직장인을
위한
축복기도문

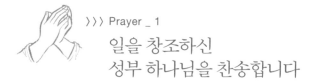

일을 창조하신
성부 하나님을 찬송합니다

거룩하신 삼위일체 하나님,
태초에 함께 천지를 창조하며 일하신
성부 성자 성령 하나님께 영광을 올려드립니다.
"빛이 있으라" 명령하시며 천지를 창조하신 성부 하나님,
만물의 창조 때에 말씀으로 함께하신 성자 하나님,
수면에 운행하며 세상을 품으시던 성령 하나님을 찬송합니다.

하나님의 형상으로, 가장 귀하게 창조하신 남자와 여자에게
생육하고 번성하여 땅에 충만하라, 땅을 정복하라,
세상의 모든 생물을 다스리라고 복주셨습니다.
오늘도 제가 일터에서 하는 일이
하나님의 창조를 닮아 행하는 귀한 일임을 기억하게 하소서.

하나님은 성경에서 토기장이와 농부, 목자와 건축자 같은
직업인의 모습으로 하나님의 속성을 알려주셨습니다.
오늘날의 직업들 중에서도
정치가와 컴퓨터 프로그래머, 오케스트라 지휘자,

웹디자이너, 스포츠 감독 같은 사람들이 하는 일을 통해
성부 하나님의 창조사역을 발견합니다.

일하는 사람들의 일터현장에 함께하신
하나님을 찬송합니다.
"네가 무슨 일을 하든지 하나님이 너와 함께 계시도다"라고
감탄한 이방 왕의 찬사를 들은 아브라함을 기억하게 하소서.
애굽에 노예로 팔린 요셉의 직장상사 보디발은
일하는 요셉과 함께하시는 하나님을 분명히 보았습니다.

사람들은 일에 대해 늘 꿈꾸고 고민하고 이야기합니다.
일이 삶의 중심이 된 시대를 살아가면서
성부 하나님이 직업세계에 관계하시고
친히 일하시는 분임을 기억하며
우리도 일할 수 있게 도와주소서.
일터에서 하나님과 동행하며 일할 수 있게 하여주소서.
예수님의 이름으로 기도합니다. 아멘.

※ 참고 성구 : 창 1:1-3,27-28, 21:22, 39:3, 시 23:1-6, 102:25,
　　　　　　　요 1:1-3, 15:1-2, 롬 9:19-24.

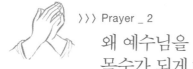

왜 예수님을
목수가 되게 하셨습니까?

사람에게 일을 부여하신 하나님,
오늘날 사람들은 수천수만 가지 직업 중에서
어떤 직업을 선택해야 할지 고민이 많습니다.
평생직업의 시대에 자신의 직업을 찾으려고 애씁니다.
그런데 예수님은 직업을 선택하려고 고민하지 않으셨네요!
육신의 아버지 요셉을 따라 목수가 되셨습니다, 당연히!

하지만 하나님은 아들 하나님을 목수로 보내시려고
얼마나 고민하셨습니까?
왜 하나님은 하필 예수님을 목수(木手)가 되게 하셨습니까?
그 이유를 알 길이 없습니다만
'요셉 목공소'에서 옹이가 많은 나무를 힘들게 대패질하는
아들 하나님을 상상해 봅니다.
유난히 더워 힘들고 옹이 탓에 대팻날을 자주 갈아야 해도
짜증내지 않고 나무판 다듬기를 하나님께 하듯이 하시는
주님의 모습을 그려봅니다.

저도 주님처럼 거룩하고 성실한 목수가 되게 하소서.
주님이 목수로 일하면서 가르쳐주십니다.
살아 있는 생명체인 나무를 잘라 재목을 얻듯이
보다 나은 삶을 위해 우리도 죽어야 함을 배우게 하소서.

자르고 다듬고 문지르고 못 박아…
쓰임새를 위해서는 별의별 조치를 다 겪어야 하듯이
하나님이 기뻐하시는 인생을 위해
힘들더라도 더욱 훈련받고 성숙할 수 있게 하소서.
스패너를 잡든지, 펜을 잡든지, 마우스를 잡든지
제가 선택한 바로 그 일이
하나님 나라를 위해 얼마나 필요한 일인지 깨닫게 하소서.

아, 주님!
혹시 주님은 나중에 골고다에서 매달리신 것과 같은
십자가 형틀도 만들어보셨습니까?
저도 오늘 하루 주님이 보내신 일터에서 일하며
제 인생의 목적을 발견하고 경험하게 도와주소서.
예수님의 이름으로 기도합니다. 아멘.

※ 허버트 로키어, 「직업과 직분」(로고스 펴냄), 30-31쪽 참조.

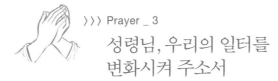

성령님, 우리의 일터를
변화시켜 주소서

우리의 삶 속에서 역사하는 인격이신 성령님.

성령님을 신비한 현상이나 힘으로 오해하지 않고

삼위일체 하나님의 한 분으로 제대로 알기 원합니다.

창조의 영이신 성령님은 직업을 위한 재능을 주셨습니다.

요셉의 정치적인 능력에 기름을 부으셨고

성막의 각종 성물을 만드는 브살렐에게도

지혜와 총명과 재주를 주시어 정교한 일을 하게 하셨습니다.

다니엘에게도 사람들이 감탄하는 명철과 지혜를 주셨습니다.

사무엘이 기름을 부었던 날 이후

하나님의 영이 다윗을 크게 감동시켰던 것처럼

제게도 직업적인 재능을 위한 기름을 부어주소서.

악한 세력과 맞서 싸워 이길 전신갑주로 무장하게 하시고

사랑, 희락, 화평, 오래 참음, 자비, 양선, 충성, 온유, 절제,

성령의 열매를 저의 일터에서 맺게 하소서.

일터에서 복음을 전하도록 기름 부어주셨으니

주님이 지상에서 하신 일보다 더 큰 일을 하게 하소서.

성령님을 의지합니다. 능력으로 함께하소서.

약속하신 대로 믿는 자들에게 나타나는 표적을 소망합니다.

그리스도의 "이름으로 귀신을 쫓아내며 새 방언을 말하며

뱀을 집어 올리며 무슨 독을 마실지라도 해를 받지 아니하며

병든 사람에게 손을 얹은즉" 낫게 하소서.

그래서 성령님의 능력으로 우리의 일터가 변화되게 하소서.

성령님의 기름부음 받기를 원합니다.

하나님께서 부여하신 일에 대해

성령님에 의해 선택되고 능력을 받게 하소서.

예수님의 말씀을 가르치고 생각나게 하시는 보혜사 성령님이

일터의 일들에 대해서도 도움을 주시기 원합니다.

일터에서 벌어지는 일들에도 말씀을 적용하게 하소서.

예수님의 이름으로 기도합니다. 아멘.

※ 참고 성구 : 창 41:38, 출 31:1-4, 삼상 16:13, 단 5:11, 막 16:17-18,

　　　　　　요 14:12, 행 1:8, 갈 5:16-23, 엡 6:10-11.

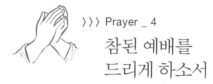

참된 예배를
드리게 하소서

진정한 경배를 받기에 합당하신 하나님,
하나님의 거룩하심을 찬양합니다.
하나님께서는 홀로 영광받으실 위대한 분이십니다.

인생의 주인이며 왕이신 하나님께
예배드릴 수 있는 특권을 감사합니다.
세상에서 살아가기에 분주하고 바쁘지만
하나님께 참된 예배를 드리는 일을
가장 중요하고 귀한 일로 여기는 믿음을 주소서.

세상 사람들은 영이신 하나님을 잘 알지 못하고
온갖 우상들 앞에서 헛되게 경배합니다.
주님의 자녀로서 영이신 하나님께 영으로 예배하게 하소서.
진리이신 하나님을 알지 못하는 자들은
온갖 거짓되고 탐욕적인 욕망의 추구가
마치 자신들의 신인 양 호들갑을 떱니다.
진리로 하나님을 온전히 예배하게 하소서.

사마리아 여인을 가르치신 예수님의 말씀처럼
영과 진리로 드리는 예배로 하나님께 영광 돌리기 원합니다.
모든 예배의 시간에 하나님께만 생각을 집중하고
하나님께 영광 돌리게 하소서.
찬양과 기도와 말씀과 교제의 그 모든 시간을 통해
하나님만 홀로 독점적인 영화를 누리소서.

아울러 삶으로도 진정한 예배를 드리게 하소서.
"먹든지 마시든지 무엇을 하든지
다 하나님의 영광을 위하여 하라."
저의 일이 예배입니다.
저의 가정생활이 곧 예배입니다.
저의 모든 인격과 삶 전체로 드리는 온전한 예배를 받으소서.
하나님만 홀로 영광을 받으소서.
예수님의 이름으로 기도합니다. 아멘.

※ 참고 성구 : 요 4:24, 고전 10:31.

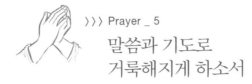

말씀과 기도로
거룩해지게 하소서

세상을 창조하시고
보시기에 좋았다고 감탄하신 하나님,
"하나님께서 지으신 모든 것이 선하매
감사함으로 받으면 버릴 것이 없다"고 하셨습니다.
금하고 폐하여 세상과 격리되지 않게 도와주소서.
하나님의 선한 의도를 인정하고 감사하게 하소서.
쉽게 세상을 포기해 버리지 않도록 주님이 도와주소서.
세상이 악해서 스스로 극복해 낼 힘이 부족합니다.
거룩하신 주님이 도와주소서.

"하나님의 말씀과 기도로 거룩하여짐이라."
악한 세상의 죄악성에 오염되지 않기 위해
말씀과 기도로 무장하겠습니다.
하나님의 능력으로 죄의 영향력을 극복하게 하소서.
믿음의 말씀으로 양육받겠습니다.
주님께 기도하겠습니다.
일터의 고질적인 비리와 속이는 문화를 극복할 힘을 주소서.

거짓의 사람들과 함께 일하거나 상대하면서
그 죄에 오염되지 않게 도와주소서.

하나님의 말씀을 저의 일터 상황과 견주어
제대로 적용할 수 있게 도와주소서.
말씀이 마음에 부딪혀 올 때
일터에서 크리스천으로 살아가는
저의 정체를 분명하게 인식하면서 말씀을 받게 하소서.
그 문제를 주님의 손에 올려드리기 원합니다.

주님께서 주실 지혜와 분별력과 능력을 위해 기도하겠습니다.
그래서 말씀과 기도로 거룩해지게 하소서.
"망령되고 허탄한 신화를 버리고
경건에 이르도록 네 자신을 연단하라."
경건을 훈련하는 삶을 살아갈 수 있도록 도와주소서.
예수님의 이름으로 기도합니다. 아멘.

※ 참고 성구 : 창 1장, 딤전 4:3-7.

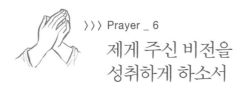

제게 주신 비전을
성취하게 하소서

제 인생의 주인이신 하나님,
믿음의 선배들에게 비전을 주시고
평생 그 비전을 이루게 하신 분이 하나님이십니다.

솔로몬의 기도를 통해 배우겠습니다.
"나의 하나님 여호와여, 주께서 종으로 종의 아버지
다윗을 대신하여 왕이 되게 하셨사오나 종은 작은 아이라.
출입할 줄을 알지 못하고."
솔로몬은 하나님이 주신 비전을 알았습니다.
왕의 직무를 다하려고 할 때
부족한 자신의 모습을 깨달았습니다.
저도 연약함을 고백하오니 주님이 도와주소서.

"주께서 택하신 백성 가운데 있나이다. 그들은 큰 백성이라.
수효가 많아서 셀 수도 없고 기록할 수도 없사오니
누가 주의 이 많은 백성을 재판할 수 있사오리이까.
듣는 마음을 종에게 주사

주의 백성을 재판하여 선악을 분별하게 하소서."
자신의 할 일을 알았던 솔로몬에게 배웁니다.
저의 일, 비전을 이루기 위해 해야 하는 일을 잘 깨닫게 하소서.
그 일을 이루기 위해 필요한 능력을 구합니다.
듣는 마음을 통해 제대로 재판하기 원했던 솔로몬처럼
저의 일을 제대로 하기 위한 지혜를 저에게 주소서.

비전의 성취를 위한 기도가 저의 평생 기도가 되게 하소서.
한 번만 기도하는 것이 아니라 수시로 기도하겠습니다.
제 인생의 가장 중요한 기도로 삼겠습니다.
그래서 솔로몬처럼 하나님의 칭찬을 듣고 싶습니다.
"솔로몬이 이것을 구하매 그 말씀이 주의 마음에 든지라."
하나님이 맡기신 일을 이루어
세상에서 하나님을 영화롭게 하신
예수님의 이름으로 기도합니다. 아멘.

※ 참고 성구 : 왕상 3:7-13, 요 17:4.

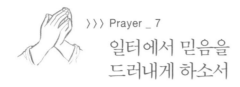

일터에서 믿음을
드러내게 하소서

세상으로 자녀들을 보내시는 하나님,
하나님이 예수님을 세상에 보내신 것같이
예수님이 우리를 세상으로 보내심을 찬송합니다.
주일에 드리는 예배를 통해 우리는 세상으로 파송받습니다.
목사님의 축복 기도를 받으며 우리는 세상으로 향합니다.
종교개혁의 후예들이 주일 예배 후에
교회 문을 잠그는 의식을 했다는 이야기를 기억합니다.
모인 교회에 머물지 말고 흩어진 교회로 가서
모인 교회의 대표선수로
살아야 한다는 뜻을 저도 배우겠습니다.

고속도로에 들어서서 목적지를 향해 자동차를 운전할 때,
휴게소에 들러 휴식하고 충전하는 것처럼,
교회에서 말씀으로 충전받아
사명의 장소인 일터로 출발하는
영적 순례의 의미를 분명하게 깨달아 알게 하소서.

제가 일하는 일터에 '비밀 그리스도인' 이 많습니다.
1년, 2년, 3년을 함께 일하고 거래하면서도
교회에 나가는 것을 알 수 없는 사람들이 있습니다.
1세기에 우리 믿음의 선배들은
목숨이 위태로워 물고기 그림을 그리면서
지하 감옥을 헤매는 비밀 그리스도인으로 살았습니다.
그 영광스러운 이름이 무색해져 안타깝습니다.
제 자신도 비밀 그리스도인이 되지 않도록,
일터에서 믿음과 영성을 드러낼 수 있도록 인도해주소서.

교회에 다닌다는 티를 내고 싶지는 않습니다.
종교성을 드러내거나 무례함으로 비난받는 것이 아니라
하나님을 믿는 사람의 자연스러운 삶의 향기를 통해
사람들에게 진정한 크리스천으로 인식되게 하소서.
의무에 충실하면서 권리를 포기하고 희생하는
멋진 모습을 보이게 하소서.
그래서 일터에서 드러내는 진정한 믿음으로
하나님께 영광을 돌리게 하소서.
예수님의 이름으로 기도합니다. 아멘.

※ 참고 성구 : 요 17:18.

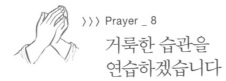

>>> Prayer _ 8

거룩한 습관을
연습하겠습니다

거룩하신 하나님,
예배받기를 기뻐하시는 하나님을 찬양합니다.
연약한 인간들이 드리는 여러 가지 영성의 훈련을
기쁘게 받으시는 하나님께 감사를 드립니다.

"망령되고 허탄한 신화를 버리고
경건에 이르도록 네 자신을 연단하라."
사도 바울의 가르침을 따라
경건을 훈련하기 위해 노력하겠습니다.
예배를 귀하게 여겨 영과 진리로 예배드리게 하소서.
말씀을 늘 묵상하고 읽고 암송하게 도와주소서.
기도로 인생의 방향을 잡아나갈 수 있도록 인도해주소서.
환난을 겪는 이웃을 구제하고 보살피게 하소서.
제 자신을 지켜 세속에 물들지 않게 하소서.
그래서 하나님 아버지 앞에서 정결하고 더러움이 없는
참된 경건을 지켜가게 도와주소서.

하지만 늘 충만한 마음상태로 그 일을 하기는 쉽지 않습니다.
그러나 마음이 전적으로 원할 때만 하겠다는
어리석음을 범하지 않겠습니다.
습관적으로 하지는 않으려고 노력하겠지만
습관을 따라 할 수 있도록 인도해주소서.

예수님이 세상에서 사역하실 때
습관을 따라 기도하셨던 것을 본받게 하소서.
모이기를 폐하는 어떤 사람들의 습관과 같이 하지 말고
습관을 따라 모이는 일을 게을리 하지 말게 도와주소서.
나태해질 때 다시 시작할 수 있는 용기를 주소서.
몸이 피곤할 때도
저의 중심과 열의를 보시는 주님을 의지하며
습관을 좇아 훈련하게 하소서.
거룩한 습관을 통해
하나님이 늘 기뻐하시는 삶을 살아가도록 인도해주소서.
예수님의 이름으로 기도합니다. 아멘.

※ 참고 성구 : 눅 22:39, 딤전 4:7, 히 10:25, 약 1:27.

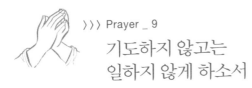

기도하지 않고는
일하지 않게 하소서

기도를 들어주시는 하나님 아버지,
쉬지 말고 기도하라고 바울을 통해 가르쳐주신
교훈을 따라 아버지께 기도합니다.
쉬지 말고 기도하는 것은
삶의 순간순간 하나님과 친밀하게 동행하는 태도인 줄 압니다.

가나안 땅을 정복할 때 기브온 사람들에게 속아
기도하지 않고 화친을 맺었던
여호수아와 같이 되지 않도록 도와주소서.
일을 하다 낭패를 본 후에야
"아차, 기도하지 않았구나!" 하고 후회합니다.
저의 연약함을 용서하여주시고 모든 일에 기도하게 하소서.

특히 중요한 일을 앞두고
특별하게 기도하신 주님을 닮게 하소서.
열두 제자를 선택하실 때 밤이 새도록 기도하셨던
그 모습을 닮게 하소서.

"하나님, 제가 아니고 하나님만이 하십니다"라는
고백을 저도 중요한 선택의 순간에 할 수 있게 도와주소서.
기도하지 않고 일하여 실수하지 않도록 인도해주소서.

일터에서 벌어진 문제를 가지고
늘 기도했던 다니엘을 배우게 하소서.
왕의 특별한 음식을 거부하는 문제도,
꿈의 내용도 듣지 않고 해몽해야 하는 어려운 문제도,
기도 금령이 내려 목숨이 위태로운 때도
기도하며 직장인의 바람직한 영성을 보여준
다니엘을 본받게 하소서.

주님께 수시로 저의 문제를 아뢰겠습니다.
일터에서는 하나님이 간섭하지 마시라면서
혼자 일하지 않게 하소서.
중요한 결정을 해야 할 때, 일터에서 겪는 일상의 문제들,
그 모든 것을 주님의 손에 올려드립니다.
기도하지 않고는 일하지 않게 하소서.
예수님의 이름으로 기도합니다. 아멘.

※ 참고 성구 : 수 9:14-15, 단 1:8, 2:17-19, 6:10-11, 눅 6:12-16, 살전 5:17.

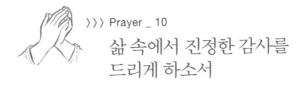

삶 속에서 진정한 감사를
드리게 하소서

고마우신 아버지 하나님,
늘 인도해주심에 감사와 찬양을 올려드립니다.
하나님의 은혜와 사랑이 얼마나 큰지 알고 있는데
감사하는 대신 불평이 많았음을 용서하소서.
"너희 안에서 행하시는 이는 하나님이시니
자기의 기쁘신 뜻을 위하여 너희에게 소원을 두고
행하게 하시나니 모든 일을 원망과 시비가 없이 하라."

두렵고 떨림으로 이룰 우리의 구원과
성화의 과정에서 원망과 불평이 큰 장애가 됩니다.
불평하지 않고 감사할 수 있도록 도와주소서.
하나님의 크나큰 은혜에 대해
자기중심적이었던 저의 부족함을 회개합니다.
기껏해야 저의 가족 중심으로만 생각한
이기심을 용서해주소서.

말로 표현할 수 없는 구원의 큰 은총을 감사합니다.

졸지도 않고 주무시지도 않으면서
한순간도 소홀함 없이 보호해주심을 감사합니다.
저의 일터에서 감사를 연습하게 도와주소서.
사자 굴에 들어가 죽게 될 절박한 순간에도
하나님께 기도하기를 포기하지 않고
감사의 기도를 드렸던 다니엘을 기억합니다.
목숨 걸고 하나님께 감사했던 그 귀한 기도를 배우게 하소서.
감사함의 절박하고 안타까운 의미를 깨우치기 원합니다.
오늘 할 수 있는 감사를 기쁨으로 연습하게 도와주소서.

가장 분명하고 의미 있는 감사는
하나님을 믿는 제가 제대로 할 수 있음을
저의 일터에서 동료들에게 보일 수 있게 하소서.
그리하여 크리스천은 늘 감사하는 사람이라는
자랑스러운 감탄이 나오게 하여
하나님께 영광 돌리게 도와주소서.
예수님의 이름으로 기도합니다. 아멘.

※ 참고 성구 : 시 121:3-4, 단 6:10, 빌 2:12-14.